Die feinsten Plätzchen Rezepte

gesammelt von **Olli Leeb**

1991 - 12.Auflage ISBN 3-921 799-98-8

Textdruck: grafik + druck 8000 München 21
Bildteil: W.Biering GmbH 8000 München 45
Repro: Oestreicher+Wagner 8000 München 90
Grafik: Kerrin von Carnap 8021 Icking
Fotos:: Christian Teubner 8958 Füssen
Bindung: Oldenbourg 8011 Kirchheim.

Schutzklappen: Gebrauchsmusterschutz-Eintrag
unter Nr. B 42 D 3-02 GM 91 26 250

Printed in Germany

Inhalt

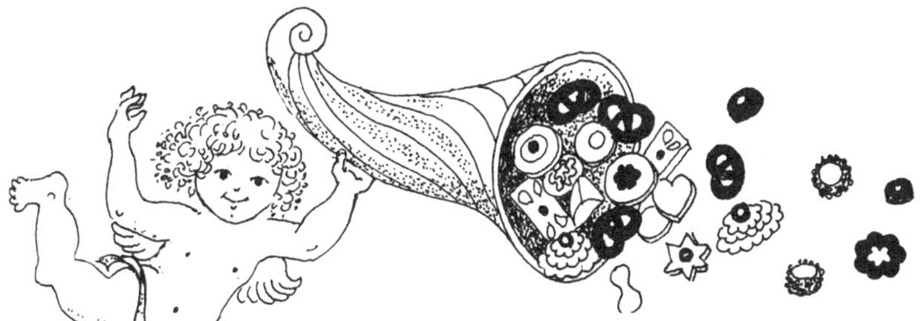

Vorwörtliches

Was mag die Menschen wohl bewegen auch heute noch der alten Tradition zu folgen und für festliche Tage,vor allem aber zur Weihnachtszeit Plätzchen,Kekse,Guetzli, Platzerl,Kleingebäck, Biskuits oder Cookies - wie immer sie genannt werden - selbst zu backen und zu verschenken - trotz des modernen Angebots an fertigem Gebäck?

Ist es die Lust am Formen,Verzieren,die Freude am schöpferischen Gestalten,die sogar vergessen läßt,daß auch ein wenig Mühe dahintersteckt? Ist es die Sehnsucht nach jenem unvergleichlichen Duft frischgebackener Gewürzplätzchen,der zur Weihnachtszeit das Haus durchzog und uns schon als Kinder das Herannahen froher Festtage ankündigte? Oder überwiegt der Wunsch,anderen etwas ganz Persönliches zu schenken und in diese Kostlichkeiten etwas Liebe mit hineinzubacken?

Wie dem auch sei,das Plätzchen- und Guetzlibacken wird nicht aussterben. Hat es doch sogar die Kriegszeiten überdauert,in denen mit bescheidensten Mitteln nach "Geheimrezepten" allerhand Gutes gezaubert wurde.

Das reiche Angebot an allen Zutaten ermöglicht heute die Herstellung aller in diesem Buch aufgeführten Rezepte,mögen sie aus alter Zeit sein oder neu,einfach oder sehr exquisit. Ein großer Teil dieser Rezepte entstammt einer jahrzehntelangen Sammlung aus alten handgeschriebenen Kochbüchern von Ururgroßmüttern,Urgroßtanten und alten Freunden,teilweise auch von vergilbten mit Fettflekken verzierten Zetteln,die noch in alter deutscher Schrift beschrieben sind und jedes Jahr zwischen den Kochbuchseiten herausgeholt wurden.

An sich wollte ich diese nur ordnen, mit den erprobten Backzeiten versehen und für meine nun erwachsenen Kinder aufschreiben ... doch als ich alles zusammen hatte, war ein Buch entstanden. Ich hoffe, daß auch Sie Spaß daran finden, sich aus dieser Rezeptsammlung einen schönen bunten Plätzchenteller zusammenzustellen - und nicht vergessen das bißchen Liebe mit hineinzubacken. Viel Freude dabei und gutes Gelingen!

Herzlichen Dank an dieser Stelle Frau Maria Hofmann, der Autorin des "Bayerischen Kochbuches" für die Erlaubnis, drei sehr feine Rezepte daraus zu entnehmen. Ebenso herzlich danke ich dem Institut der Englischen Fräulein für die Genehmigung, hier einige unserer besten Schulrezepte veröffentlichen zu dürfen.

München, 18.Mai 1977

Februar 1978 zur 3.Auflage:

Daß das "Plätzchen - und Guetzlibacken" nicht aussterben wird, hat das lebhafte Interesse der Leser gezeigt, die mir durch die freundlichen Zuschriften und sogar Zusendungen von selbsthergestellten "Versucherle" große Freude bereiteten. Einige recht wertvolle Anregungen wurden in dieser Auflage berücksichtigt.

19.Oktober 1978

Verleihung der * SILBERMEDAILLE *
der Gastronomischen Akademie Deutschland

SILBER MEDAILLE Gastronomische Akademie

Oktober	1978	4.Auflage
August	1981	5.Auflage
Oktober	1981	6.Auflage
Februar	1982	7.Auflage
September	1982	8.Auflage mit neuen Hinweisen
Oktober	1983	9.Auflage mit weiteren Tips
August	1984	10.Auflage
Mai	1987	10.Geburtstag vom Plätzchenbuch
Mai	1988	11.Auflage mit zusätzlichen Rezepten
Mai	1991	12.Auflage 120 000 Exemplare

Zum Gebrauch des Buches

Langes Herumsuchen ist von Übel und macht jeden Backwilligen nervös. Zur Erleichterung sind in diesem Buch zwei Möglichkeiten gegeben das Gewünschte sehr schnell zu finden:

1. Suchen Sie z.B. irgendein Buttergebäck oder ein Nußplätzchen? Dann wählen Sie aus dem Register nach Teigsorten geordnet S. 29.
2. Kennen Sie den Plätzchennamen bereits, benützen Sie das alphabetische Register S. 187.

Haben Sie das gewünschte Rezept aufgeschlagen,werden die beiden Cellophanteile auf die Buchseiten gelegt,dadurch sind diese sicher vor Flecken geschützt.

Die Rezepte sind so geschrieben,daß Sie ohne wiederholtes Lesen gleich beginnen können. Die für Ihre Einkaufsliste wichtigen Zutaten stehen links. Die Zubereitung ist rechts beschrieben. Dieses Zeichen * steht für Zutaten,die vorbereitet werden müssen, damit die Zubereitung später ohne Unterbrechung abläuft und nicht etwa der steife Eischnee lange stehen muß bis -"die geschälten, gehackten Mandeln"- beigefügt werden können. Bei jedem Rezept ist das entsprechende Plätzchen abgebildet,so wissen Sie,wie es fertig aussieht und können es auch auf den Fotos wiedererkennen.

Der Rezeptteil beschränkt sich auf das Wichtigste,um so größere Bedeutung hat jedes Wort. Wenn z.B. "das Mehl mit dem Puderzucker auf ein Holzbrett gesiebt wird",hat das seinen Sinn;Mehl und Puderzucker sind durch das Sieben vermischt und aufgelockert und das Holzbrett unterscheidet sich bei einer Teigverarbeitung mit viel Fett von einer Kunststoffplatte ganz erheblich. Für andere Teigarten kann die glatte Arbeitsfläche wichtig sein.

Die Rezepte sind erprobt,nutzen Sie diese Erfahrungswerte und halten Sie die Zutatenmengen und die Zubereitungsart exakt ein - dann backen Sie Plätzchen wie noch nie.

Nun noch einige Ausdrücke,die im Buch oft erscheinen:

* Auf Dampf schlagen
Rührschüssel,am besten aus feuerfestem Glas auf einen passenden Kochtopf setzen,der zur Hälfte mit schwachkochendem Wasser gefüllt ist. Kleine Hitze einstellen. Schüssel nicht in das Wasser stellen!

* Ausstechen
Geschieht mit Plastik- oder Metallausstecher,die entweder in Mehl oder in lauwarmes Wasser getaucht werden. Scharfe Seite fest in den Teig drücken,evt. mit Nudelwalger darüberrollen. Formen nah aneinandersetzen,damit nicht viele Teigreste übrigbleiben,die durch öftere Weiterverarbeitung nicht besser werden. Reste verkneten und vor weiterer Verarbeitung unbedingt wieder kühl stellen.

* Bähen
Unter Hitzeeinwirkung trocknen ohne zu bräunen.

* Blech buttern
gereinigtes,trockenes Blech gleichmäßig mit einem Butterstückchen,das man mit Folie hält,einfetten.

* Blech wachsen
gereinigtes Blech in der Backröhre erhitzen,mit Kerze,am besten Honigkerze,dünn bestreichen,zum gleichmäßigen Verlaufen nochmals kurz in die Backröhre stellen,anschließend kaltstellen.

* Einfetten der Bleche
sollte wegen des besseren Geschmacks nur mit Butter vorgenommen werden. Auch wenn der Teig mit Margarine hergestellt wurde.

* Eiweiß
wird beim Trennen des Eies in eine extra Tasse gegeben. Nur wenn keine Spur von Eigelb enthalten ist,zu den anderen Eiklars geben,sonst kann kein fester Schnee geschlagen werden.

Achtung!
Eiweiß - Gebäck nicht bei hoher Luftfeuchtigkeit herstellen,diese beeinträchtigt die Konsistenz !

* Fadenspinnen
Zucker mit Wasser nach Rezeptangabe so lange kochen bis ein Tropfen zwischen zwei Fingern einen Faden zieht.

* Im Wasserbad
Rührschüssel,am besten feuerfeste,wird in einen Topf gestellt, der nur bis zur Hälfte mit heißem Wasser gefüllt ist,damit kein Wasser in das Rührgefäß spritzen kann. Wasser soll nicht sprudelnd kochen,sondern konstant am Siedepunkt gehalten werden.

* Mehl sieben
ist wichtig zur Auflockerung. Außerdem können keine durch Feuchtigkeit entstandenen Klümpchen in den Teig geraten.

* Schaumig rühren
Butter stets zimmerwarm erst alleine verrühren,ein Ei,einen Teil Zucker zufügen,verrühren,wieder ein Ei und Zucker zugeben und so fortfahren. Diese Methode ist sowohl zum Rühren mit der Hand als auch bei der Benutzung eines Handrührgerätes geeignet. Bei elektrischen Küchenmaschinen Gebrauchsanleitung beachten.

Wichtig! Eiweiß - und Bisquitteige erhalten handgerührt festere Konsistenz. Oma rührte 2o Min.-1 Stunde !

Zeichenerklärung

* vorbereiten (vor der Teigbereitung)
EL Esslöffel (gestrichen voll)
TL Teelöffel (gestrichen voll)
Msp. Messerspitze
g Gramm
l Liter

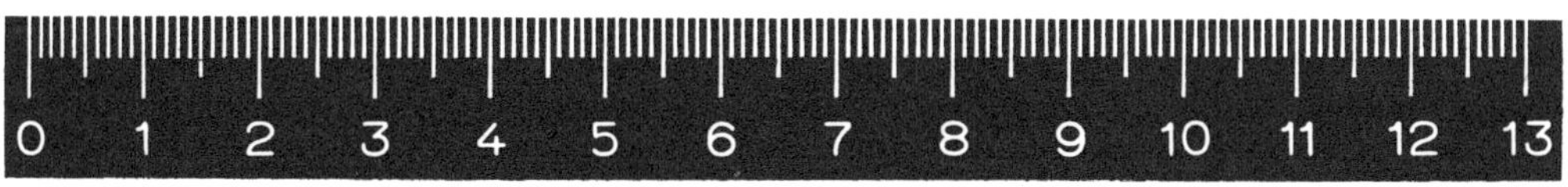

Keine Angst vorm Plätzchenbacken

Auch wenn Sie nur wenig Zeit zur Verfügung haben,brauchen Sie nicht auf Selbstgebakkenes zu verzichten. Sollten Sie eine Tiefkühltruhe besitzen,sind Sie in der glücklichen Lage ganz unabhängig backen zu können. Außerdem gibt es sehr viele Arten von guten Plätzchen,die ohne großen Zeitaufwand hergestellt werden können. Vermeiden Sie bei Zeitmangel in jedem Fall Gebäck,das ausgestochen werden muß.

Einfacher ist es:

* Teig ausrollen,Streifen oder Rauten schneiden,bzw. ausrädeln. (Verschiedene Knetteige)

* Vom Teig Rollen oder Wecken formen,kalt stellen,Scheibchen abschneiden. (Rühr- oder Knetteig)

* Teig durch Fleischmaschine mit Spritzansatz oder durch Keksautomat geben. (Rührteig)

* Teig in Häufchen auf Oblaten setzen oder mit Spritzbeutel dressieren. (Sand-,Eiweiß-,Makronen- und Bisquitteig)

* Mürbteig herstellen,in Rollen oder bereits ausgeformt tiefkühlen. Bei Bedarf backen,glasieren oder füllen,je nach Rezeptangabe. Auf diese Weise ist die Arbeit geteilt und leicht zu bewältigen.

Im Rezeptteil ist darauf Rücksicht genommen,viele Plätzchensorten ohne großen Aufwand auszuformen,die aber sehr unterschiedlich aussehen,so daß Sie einen herrlichen bunten Teller zusammenstellen können. Backen Sie keine zu großen Plätzchen,jeder möchte gerne mehrere Sorten probieren.

Benützen Sie den kleinen Backfahrplan von nebenan.

Kleiner Backfahrplan

Besonders für Weihnachtsgebäck, das meist mehrere Sorten umfaßt, sollten Sie sich einen kleinen Backplan machen. Kalte, regnerische Novembertage sind gerade recht, die Rezepte auszusuchen, die Zutaten zusammenzuschreiben, einzukaufen und einige von ihnen vorzubereiten. (Siehe Seite 12)
Ende November können bereits die Sorten gebacken werden, die als Nikolausgebäck Verwendung finden und solche, die längere Zeit lagern müssen um weich zu werden oder um ihr volles Aroma zu entfalten. So z.B. Aachener Printen, Springerle und einige Honigkuchensorten. Da Butter- und Mürbteig frisch am besten schmecken, ist es zweckmäßig, vor allem wenn Sie alleine backen, diese Teigsorten schon Wochen vorher herzustellen, in dicker Folie verpackt einzufrieren, erst kurz vor dem Fest auszuformen und einen Nur-Backtag abzuhalten! So erzielen Sie ohne Hetze ein besseres und ausgiebigeres Ergebnis. Ebenso können bereits ausgeformte Plätzchen obiger Sorten eingefroren und unaufgetaut im vorgeheizten Rohr gebacken werden. Backzeit etwas verlängern!
Mitte Dezember werden Eiweißgebäck, Konfekt, Makronen und Marzipan hergestellt. Da sie frisch so herrlich schmecken, kommen erst kurz vor Weihnachten Elisenlebkuchen, Prinzenschnitten etc. an die Reihe.

Außer diesem Backplan ist auch noch eine andere Einteilung wichtig. Wenn Sie zu zweit backen, übernimmt am besten eine Person die Teigbereitung und das Ausformen, während die andere Person das Backen, Bestreichen und Füllen erledigt. Springerle, Baisers, Schäumchen und Anislaiberl sollten Sie nicht zusammen an einem Tag backen, denn das "mehr Trocknen als Backen" kann bei einer größeren Menge oft Stunden dauern. Dieses Gebäck stellen Sie am besten bei trockenem Wetter in dampfloser Küche her, da es die Feuchtigkeit sehr schnell annimmt.

Bei richtiger Einteilung
können Sie knusprige Plätzchen und weiche Lebkuchen
in Ruhe genießen.

Zutaten und Vorbereitung

Die Zutaten sollten so **natürlich und frisch** wie möglich sein. Vielleicht war dies das Geheimnis von Omas unvergleichlichem Gebäck,weil sie keinen Gebrauch von Chemie machte. Die Gewürze waren echt. Butter,Mandeln und Rum im Teig wurden nicht durch künstliche Aromata ersetzt. Um einen glatten Ablauf beim Plätzchenbacken zu gewährleisten,ist es wichtig,die Backzutaten rechtzeitig vorzubereiten. In der nachfolgenden Aufstellung können Sie bei den Zutaten die entsprechende Vorbereitungsart finden.

* Ammonium (Ammoniumbicarbonat)

  als Treibmittel,wird heute nur noch selten in Rezepten erwähnt.

* Ananas

  ist frisch,getrocknet,in Dosen und kandiert im Handel.

* Angelika (Archangelica officinalis L.)

  grüne kandierte Blattstiele,werden meist zur Verzierung in kleine Rauten geschnitten.

* Anis (Samen der Pimpinella anisum L.)

  kleinhacken,Stiele nicht ins Gebäck geben!

* Aprikosengeist = Marillengeist

  klarer Schnaps aus Aprikosen,österreich. Marillen

* Aprikosen

  sind getrocknet,geschwefelt und ungeschwefelt im Handel,nur beste Ware verwenden.

* Arrak

  Branntwein aus Reis oder Zuckerrohrmelasse,für Glasuren und auch als Treibmittel geeignet.

*Backpulver

Treibmittel aus Natriumbicarbonat und Backpulversäuren mit Stärke vermischt; für einfacheres Gebäck.Bei genügend Fett-und Eizugabe überflüssig. Backpulver stets mit Mehl sieben,nicht mit Fett oder Flüssigkeit vermengen. Teig nicht stehen lassen,gleich backen. Gebäck mit Backpulver trocknet schneller aus.

*Bittermandelaroma

wird chemisch hergestellt. Ersatz für echtes Bittermandelöl.

*Bittermandeln

werden nur in kleinen Mengen verwendet. Vor Kindern geschützt aufbewahren. Blausäurehaltig!!

*Bittermandelöl (echtes)

sehr konzentriert,nur tropfenweise verwenden.

*Blätterteig

fertige Tiefkühlware,nach Vorschrift auftauen.

*Blockschokolade

einfache Schokolade,fein reiben oder im Wasserbad schmelzen.

*Butter

stets frisch verwenden,zu Rührteig weich,also rechtzeitig aus dem Kühlschrank nehmen,zu Knetteig kalt in Stückchen schneiden. Bei Rezepten mit Butterangabe diese nicht willkürlich mit einem beliebigen anderen Fett austauschen.

*Butterschmalz

ausgiebiger als Butter,deshalb angegebenes Quantum einhalten.

*Cardamom s. Kardamom

*Coriander s. Koriander

*Datteln

kurz vor Gebrauch vorbereiten,sonst verlieren sie an Geschmack, zum Backen nicht etwa frische Früchte verwenden.

*Eier

frisch verwenden! Am besten mittelgroße der Handelsklasse 3, ca. 60 g. Immer mehr Eier als gerade erforderlich zu Hause haben,es kann eines kaputt gehen oder nicht frisch sein. Stets erst in eine Tasse aufschlagen. Nur frische Eier lassen sich gut trennen. Eigelb kann in einer Tasse mit etwas Wasser bedeckt und Folie verschlossen einige Tage im Kühlschrank aufbewahrt werden.

*Eiweiß

wird am besten in fettfreien Schraubgläsern kühl aufbewahrt. Für

*Eischnee

kein zu frisches Eiweiß verwenden. Es soll mindestens einige Tage kalt stehen. Also vor dem Backen von Schaumgebäck sammeln!

*Farinzucker

brauner,etwas körniger Zucker,vorwiegend für Lebkuchen- und Honigteige.

*Germ

österreichischer Ausdruck für Hefe.

*Gewürze

Nie in Tütchen nebeneinander aufbewahren. Am besten in gut verschließbare,dunkle Gläschen oder Döschen füllen.

*Haferflocken

zum Backen zarte Flocken verwenden.

*Hagebutten = Hiffenmarmelade

rohgerührte oder gekochte,nach Rezept verwenden.

*Hagelzucker

durchsichtiger grober Zucker,ersatzweise groben Einmachzucker verwenden.

*Haselnüsse

werden meist leicht angeröstet verwendet. Nüsse am besten in flache feuerfeste Form geben,im Backherd bei 170-180° unter gelegentlichem Schütteln rösten. Nur so lange bis sie sich schälen lassen.

In Salatseiher oder groblöchriges Sieb schütten,durchschütteln damit die Schalen abfallen. Diese Methode ist einfacher als die Nüsse mit den Händen abzurubbeln. Zu dunkel geröstet machen sie das Gebäck bitter. Haselnüsse nicht im Mixer oder mit dem Mixstab zerkleinern,sie werden sonst für den Teig zu schwer.

*Hefe

biologisches Treibmittel,frisch verwenden. Nur kurz haltbar.

*Honig

echten Bienenhonig nicht durch Kunsthonig ersetzen.

*Ingwer (Zingiber officinale Roscoe)

Wurzelstock einer asiatischen Staudenpflanze;gemahlen,frisch, getrocknet und kandiert im Handel. Kandiert wird er in Streifchen geschnitten oder kleingehackt,je nach Rezeptangabe.

*Kandiszucker

weiß und braun,wird meist für dunkles Gewürzgebäck verwendet.

*Kardamom (Elettraria cardamomum L)

gemahlene Samen einer Ingwerpflanze,typisches Lebkuchengewürz.

*Kakao

am besten dunklen,also schwach entölten,verwenden.

*Koriander (Koriandrum sativum L)

findet gemahlen für Gewürzplätzchen Verwendung.

*Kunsthonig

Rezeptangabe beachten,nicht durch Bienenhonig ersetzen,wenn diese Möglichkeit nicht angegeben ist.

*Kuvertüre

fertiger Schokoladenüberzug,in dicken Tafeln im Handel,wird ohne andere Zutaten im Wasserbad geschmolzen.

*Lagerteig

wird mit Hirschhornsalz oder Pottasche hergestellt,deren Treibkraft sich erst nach einigen Tagen während eines Gärungsprozesses des Teiges entwickelt.

*Mandeln (süße Backmandeln)

werden ungeschält und geschält gerieben,gehackt,gehobelt,gestiftelt,halbiert und ganz verwendet. Sind vorbereitet erhältlich. Zum Abziehen der Schale: Mandeln in kochendes Wasser schütten, aufwallen lassen,ziehen lassen,probieren ob sich eine Mandel zwischen zwei Fingern herausdrücken läßt. Dann alle in ein Sieb schütten,abziehen und auf einem Tuch zum Trocknen ausbreiten. Nur gut getrocknet in Gläsern aufbewahren! Zweite Art Mandeln zu schälen: Mandeln 18-24 Stunden in lauwarmes Wasser legen. Wie oben zum Trocknen auflegen. Sehr fein im Aroma! Mandeln lassen sich besser halbieren,solange sie noch feucht sind. Beim Hacken kann man etwas Zucker aufstreuen,damit sie nicht so leicht springen. Zum Stifteln feucht halbieren,dann der Länge nach in Streifchen schneiden. Will man Mandeln selbst blättrigschneiden,die geschälten Mandeln am besten noch feucht quer in hauchdünne Scheibchen schneiden. Beim Reiben oder Mahlen der ungeschälten Mandeln darauf achten,daß keine harten Schalenreste in die Maschine kommen. Geschälte Mandeln nur ganz trocken in die Maschine geben, sonst kleben sie.

*Mandelöl (echtes)

neutrales feines Öl,nicht verwechseln mit Bittermandelöl.

*Macis- oder Muskatblüte (Myristica fragans Houtt.)

gemahlener Samenmantel der Muskatnuß,feines Gewürz.

*Margarine

nur beste Qualität verwenden. Bei Rezepten mit Margarineangabe diese nicht durch Butter oder anderes Fett ersetzen.

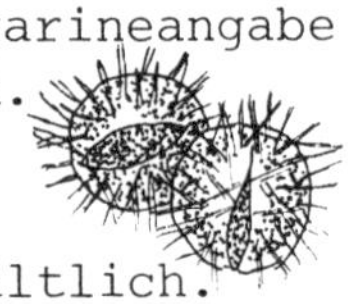

*Maroni (Esskastanien,Edelkastanien)

nach Rezept verwenden. Frisch und als Konserve erhältlich.

*Marzipanrohmasse

abgepackt im Handel,wird nach Rezeptangabe mit Zucker und anderen Zutaten vermischt.

* Mehl

wenn nicht anders angegeben, Weizenmehl Type 405 verwenden, es soll trocken und luftig lagern und erst kurz vor Gebrauch gesiebt werden. In Österreich ist doppelgriffiges Mehl üblich. Am besten eine Kleinigkeit weniger Mehl nehmen, Teig somit etwas weicher halten.

* Marmelade

am besten ist selbstgemachte, bei Handelsware auf gute Farbe und Qualität achten.

* Mohn

die Samen gemahlen verwenden; können auch im Mixer zerkleinert werden. Mohn frisch verwenden, wird leicht ranzig.

* Muskatnuß (Myristica fragans Houtt.)

Samenkern der Muskatfrucht. Frisch gerieben verwenden!

* Natron (doppelkohlensaures Natron, Natronbicarbonat)

Treibmittel für verschiedene Teigarten.

* Naturzitrone

besitzt eine unbehandelte (ungewachste) Schale, die zum Verzehr geeignet ist. Wird mit scharfem Reibeisen gerieben verwendet oder feinstnudelig geschnitten, dazu mit Kartoffelschäler oder scharfem Messer ohne weiße Unterhaut dünn schälen, dann quer in feinste Streifchen schneiden.

* Naturorange

Verwendung wie bei Naturzitrone

* Nelken

Blütenknospen des Gewürznelkenbaumes, gemahlen für Lebkuchen- und Gewürzteige sparsam verwenden, da sehr intensiv im Geschmack.

* Nougat

fertige Nougatmasse offen und abgepackt im Handel, nach Rezept verarbeiten. Im Kühlschrank aufbewahren.

*Oblaten

gibt es rund in verschiedenen Größen und rechteckig. Beim Spalten flach auflegen,mit scharfem dünnen langen Messer an einer Ecke beginnend teilen.

*Obstler = Obstbranntwein

*Orangeat

kandierte Schale der Bitterorange,wird meist kleingehackt (die bereits gewürfelte Ware im Handel ist für Plätzchen zu grob) oder in feine Streifchen geschnitten.

*Orangenalkohol

für Glasuren und feine Teige. Naturorange dünn schälen ohne weiße Innenhaut,in ein Glas mit 70%igem Alkohol geben,fest verschlossen mindestens 8 Tage stehen lassen. Wenn die Schalen ganz hell sind,absieben.

*Orangenschale

nur von Naturorangen verwenden. (Siehe Naturorange)

*Orangenzucker

250 g feine Zuckerraffinade mit der geriebenen Schale von 4-6 Naturorangen vermischen. In Schraubglas im Kühlschrank aufbewahren.

*Pekannüsse

Aus dem Südwesten Amerikas,werden wie Walnüsse verwendet.

*Pignolienkerne

Samen der Pinie,werden ganz und nur frisch verwendet.

*Piment (Pimenta officinalis Lindl),auch Nelkenpfeffer

wird gemahlen vorwiegend für Gewürz- u. Lebkuchenteig verwendet.

*Pistazie

grüne kleine Mandelart,wie Mandeln schälen. Lichtgeschützt aufbewahren,sonst wird sie blaß.

*Pottasche (kohlensaures Kalium)

ältestes Treibmittel nur für Lagerteige geeignet,die Säure entwickeln und gären, vor allem für Honig-und die verschiedenen Lebkuchenarten.

*Puderzucker

stets gesiebt verwenden. Durch Feuchtigkeit entstandene Klumpen mit Mixstab zerkleinern oder zwischen Alufolie mit Nudelroller glattrollen und sieben.

*Rum

Branntwein aus Zuckerrohr oder Zuckerrübenmelasse,wird als Geschmackszutat und zugleich als Treibmittel verwendet.

*Rohzucker und Rohrzucker

hellbrauner,ungebleichter Zucker.

*Rosenwasser

darf nicht abgestanden sein,nur frisch entfaltet es seinen Duft, der vor allem zur Marzipanbereitung typisch ist.

*Salz

in ganz kleiner Menge dem Teig zugefügt,erhöht des Wohlgeschmack des Gebäcks. Siehe jeweiliges Rezept.

*Sahne

Nach Rezept frische süße Sahne (Rahm) oder Sauerrahm verwenden.

*Schokolade

für feines Gebäck je nach Rezept Markenschokolade verschiedener Sorten reiben oder im Wasserbad schmelzen.

*Schokoladenfettglasur

in Töpfchen im Handel,ergibt glänzenden Guß. Ist schnell bereitet.

*Sirup = Rübensirup

gibt es in hell und dunkel. Rezeptangaben beachten.

*Stärkemehl

unter den Namen Mondamin und Maizena im Handel. Stets sieben.

*Sternanis (Illicium verum Hook,fil)

Frucht eines immergrünen Magnolienbaumes,wird für Gebäck gemahlen verwendet.

*Sultaninen

helle getrocknete Weintrauben,geschwefelt und ungeschwefelt im Handel,werden lauwarm gewaschen,getrocknet und nach Belieben mit Alkohol beträufelt.

*Vanillepuderzucker

stellt man zweckmäßig selbst her. Zwei Vanilleschoten der Länge nach aufschlitzen,Mark ausstreifen,mit 500 g Puderzucker vermischen,mit den ausgeschabten Schoten in einem gut verschlossenen Glas aufbewahren.

*Vanillezucker

echter im Reformhaus erhältlich,kann auch selbst hergestellt werden. (Siehe Vanillepuderzucker)

*Vanilleschote (Fruchtkapsel einer Kletterorchidee)

auch Vanillestange genannt,ist in Glasröhrchen im Handel. Das Mark kann ausgestreift werden,wenn man die Schote der Länge nach aufschlitzt.

*Vanillinzucker

synthetisch hergestellter Vanillezuckerersatz.

*Wal- oder Welschnüsse

werden erst von der harten Außenschale befreit. Damit sie sich leichter knacken lassen und die Kerne ganz bleiben,legt man die Nüsse ca. 8 Stunden (über Nacht) in mildes Salzwasser. Soll die Haut von älteren Nüssen abgezogen werden,was nur bei frischen leicht möglich ist,legt man sie in lauwarme Milch.

*Weinbeeren

sehr kleine,getrocknete Beeren der blauen Weintraube,werden vor der Verwendung in lauwarmem Wasser gewaschen,gut abgetrocknet, nach Belieben mit etwas Rum oder dergl. befeuchten.

*Zimt (Cinnamomum cassia Blume)

von der Borke befreite Innenrinde des Zimtbaumes,wird für Gebäck gemahlen verwendet. Bei der Weihnachtsbäckerei unentbehrlich.

*Zitronat

kandierte Cedrat-Fruchtschale,wird fein gehackt oder in Streifen geschnitten,gewürfelte Ware im Handel ist zu groß für Plätzchen.

*Zitronen

sind beim Plätzchenbacken unentbehrlich,Zitronenschale nur von Naturzitronen verwenden.

*Zitronenzucker

wird hergestellt aus 250 g feiner Zuckerraffinade vermischt mit der abgeriebenen Schale von 4-6 Naturzitronen.

*Zucker

wird in Form von feiner Zuckerraffinade verwendet,wenn nicht eine andere Zuckersorte im Rezept angegeben ist.

Gutes Handwerkszeug

- großes Nudelbrett Backbrett
- Nudelholz oder Teigrolle aus Glas mit Ringen für Teigstärke
- mindestens 2 Backbleche
- Zitruspresse
- großes Mehlsieb
- Reibmaschine für Nüsse und Schokolade
- Holzmodel für Springerle Marzipan etc.
- Ausstechformen aus Blech oder Plastik
- Bärentatzen bzw. Muschelformen
- je 1 Ess- und Teelöffel
- Garnierspritze aus Plastik oder kleinen Spritzbeutel
- normalgroße Tasse
- Teigrädchen
- Rührschüsseln und Becher nicht aus Metall
- Konfektförmchen
- Kurzzeitwecker
- Teigschaber
- mindestens 2 Pinsel z. Glasieren u. Bestreichen
- Schüttelsieb für Puderzucker und kleine Mehlmengen
- Rührlöffel
- Elektroquirl wünschenswert wegen Zeitersparnis
- Küchenwaage, am besten Wandwaage damit die Arbeitsfläche frei bleibt.

zum Plätzchenbacken

feuerfeste Rührschüssel und Mixbecher aus Glas für's Wasserbad

Spritzbeutel mit verschiedenen Tüllen für weiche Teige

Passier-sieb

für feste Teigsorten stabile Metallspritze Keksautomat oder einen Spritzansatz für Fleischmaschine

Palette zum Abnehmen des Gebäcks

Tabletts oder Platten auch aus Resopal zum Kühlstellen des Gebäcks, falls die Bleche nicht ausreichen.

Meßbecher mit cl oder ccm-Einteilung, auch Kinderfläschchen geeignet

kleine Reibe für Zitrone und Muskatnuß

Alufolie, Butterbrotpapier bzw. Backtrennpapier

Nußknacker oder -Schraube

kleines Schneidbrettchen

Schneebesen oder Schneerädchen

1 Pyroflam-Pfännchen die Glasuren bleiben darin lange flüssig und verfärben sich nicht.

Zum Aufbewahren:
Blechdosen
Gläser, verschließbar
Steingut oder Porzellandosen
Gefrierbeutel

Kuchengitter

Küchenmesser groß und klein

Die Backtemperaturen

sind bei jedem Rezept speziell angegeben. Es sind erprobte Werte. Da aber Elektro-Gas - Erd - oder Propangasanschlüsse,sowie Heißluftherde unterschiedliche Leistungen in wiederum unterschiedlichen Herdtypen bringen,sollten Sie zuerst Ihren Backherd prüfen.Backen Sie aus einfachem Teig ein paar Probeplätzchen.Vergleichen Sie die Temperatur und tragen Sie,wenn nötig,eine + oder - Differenz ein,so können Sie bei jedem Rezept die richtigen Grade bestimmen. Beachten Sie bei Gasbenutzung,daß es in den Stoßzeiten,also vor dem Mittagessen oder abends zu Schwankungen kommen kann.Die niedrigste Stufe 1 bringt bei Erdgas bereits 160° und das ist z.B.für Schaumgebäck und Makronen schon zu hoch.Klemmen Sie deshalb einen hitzebeständigen Gegenstand (Reibeisen,Blechdose oder dergl.)in die Backofentüre,damit sie einen Spalt offen bleibt. ACHTUNG! Nicht anzuwenden bei Herden mit Thermostat und Heißluft, diese würden erneut aufheizen. Am besten stellen Sie ein Backthermometer i n die Backröhre!

Die Backzeiten 

sind in jedem Rezept für die angegebene Teigstärke und Gebäckgröße bestimmt. Wenn Sie also den Teig dünner ausrollen,verkürzt sich die Backzeit. Wichtig: Teig gleichmäßig dick ausrollen oder formen,damit das Gebäck gleichzeitig fertig wird und gleichmäßig bräunt. Bald werden Sie das Fingerspitzengefühl erworben haben,daß Makronen noch zum Eindrücken sein müssen,da sie sonst hart werden. Auch Nuß- und Schokoladegebäck sollte nicht zu stark gebacken werden,da es sonst trocken und bitter schmeckt. Wenn die Ober- oder Unterhitze in Ihrem Backherd zu stark sein sollte,schieben Sie einfach in die oberste bzw. unterste Rille ein zweites Backblech ein.

Wichtig: Bleiben Sie beim Plätzchenbacken in der Küche. Weder der beste automatische Herd,noch der Kurzzeitwecker wissen,daß Sie einige Plätzchen vielleicht etwas dünner ausgewellt haben!

Die Mengenangabe

Die Rezeptangaben sind im Schnitt für 1-2 Bleche berechnet. Auf eine Angabe der Stückzahl wurde in diesem Buch nach reiflicher Überlegung verzichtet. Denn selbst bei einer genauen Beschreibung mit cm - und mm - Angaben bei auswellbarem Teig ist jeder Hausfrau noch so viel Spielraum gegeben, den Teig etwas dünner oder dicker auszuwellen,ein Makrönchen ein bißchen höher aufzutürmen,die Ringe ein wenig dicker oder dünner zu spritzen - so daß die Angaben doch nicht befriedigend wären. Und Hand auf's Herz, wer zählt beim Backen alle Plätzchen?

Bei einer Angabe wieviele Bleche ein Rezept ergibt, verhält es sich ähnlich. In den verschiedenen Haushalten existieren große Bleche, kleine Bleche,solche mit erhöhtem Rand auf 3 Seiten und andere mit einem mehr oder weniger breitem Rand auf 4 Seiten! Außerdem setzt eine Plätzchenbäckerin das Ausgestochene großzügig weit auseinander - die andere dagegen knapp nebeneinander. Daher oben angegebene Differenz von 1-2 Bleche pro Rezept.

Sinnvoller ist es dagegen,die Zutaten auf der linken Seite der Rezepte zusammenzuzählen und für die feuchten Zutaten etwas Schwund abzuziehen,dann erhält man eine klare Gewichtsangabe des fertigen Gebäcks z. B. 5oo g / 3oo g etc.

Das Aufbewahren der Schätze

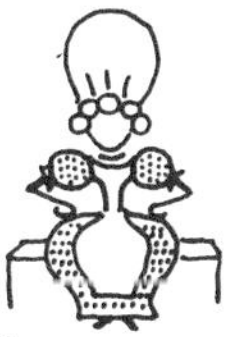

Es ist geschafft! In bunter Pracht mit glänzender Glasur, Nüßchen oder Streuzucker garniert,liegen unsere liebevoll gebackenen "Werke" vor uns und warten auf den letzten Akt: Die Aufbewahrung. Eine möglichst langanhaltende Qualität kann nur durch richtige Lagerung gewährleistet werden. Bitte beachten Sie aus diesem Grund die bei jedem Gebäck angegebene spezielle Aufbewahrungsart.

Grundsätzlich ist zu beachten:

* Gebäck vor dem Aufbewahren auf dem Kuchengitter völlig auskühlen lassen.

* Blechdosen kleidet man zweckmäßig mit Butterbrotpapier oder Alufolie aus und legt bei glasiertem Gebäck immer ein Blatt zwischen zwei Lagen.

* Verschiedene Gebäcksorten werden getrennt aufbewahrt,sonst übernehmen z.B. feine Mandelplätzchen den Geruch und damit den Geschmack von herzhaftem Gewürzgebäck. Wenn nicht genügend separate Behälter vorhanden sind,werden die einzelnen Sorten in Gefrierbeutel verpackt und auf diese Weise fest verschlossen getrennt in einer großen Blechdose verwahrt. Auch große Einkochgläser mit Verschluß sind gut geeignet.

* Die Behälter sollen kühl und trocken stehen.

* Manche Sorten wie Aachener Printen,Honiglebkuchen,Pfeffernüsse bleiben erst noch offen,am besten in der Küche liegen bis sie weich sind und werden später auch verschlossen aufbewahrt. Sollten diese Sorten nicht rechtzeitig weich werden,kann man einen aufgeschnittenen Apfel oder eine gelbe Rübe in die Dose legen. Das Gebäck übernimmt die Feuchtigkeit. Aber bitte nachsehen, daß Apfel oder Rübe nicht schimmelt,eventuell erneuern. Ebenso können Sie einen Tag vor Gebrauch Münchner Zimtsterne v. S. 142 beilegen,die ihre Feuchtigkeit abgeben.

* Buttergebäck ohne Glasur kann gleich warm in Gefrierbeuteln oder -dosen tiefgekühlt werden. Dabei bitte nur dicke Folienbeutel verwenden und fest verschließen! Dosen mit Klebeband abdichten und Beschriftung nicht vergessen!

Bei Zimmertemperatur wird das Gebäck aufgetaut und kann, falls das Rezept es erfordert, mit Glasur versehen oder gefüllt werden. Wenn man das Gebäck besonders knusprig will, kann es rasch im vorgeheizten Backrohr aufgebacken werden. Tiefgefrorenes Gebäck und Konfekt kann 3-4 Monate gelagert werden.

Register nach Teigsorten

Eier- und Biskuitteig

Butter- und Mürbteig

Honig- und Lebkuchenteig

Nussgebäck mit Fett

Nussgebäck ohne Fett

Eiweissgebäck

Marzipan und Konfekt

Butter- und Mürbteig

Buttergebackenes

200 g Butter	zimmerwarm mit
100 g Puderzucker	und
2 EL Eierlikör oder	
2 EL Cognac	schaumig rühren,
3 EL dicken sauren Rahm	und
* 3 Dotter	hartgekocht und durchpassiert zufügen,
350 g Mehl	auf ein Holzbrett sieben, Schaummasse daraufgeben, mit dem Mehl zu einem feinen Teig verkneten. Kühl ruhen lassen. 3 mm dick ausrollen. Verschiedene Förmchen ausstechen. Möglichst gleichgroße und gleichdicke Plätzchen auf ein Blech legen, damit sie auch gleichmäßig bräunen. Vor dem Backen nochmals kalt stellen, zweimal mit
Eigelb	bestreichen. Nach Belieben mit
Streuzucker	oder gehackten
Mandeln	oder
Hagelzucker	bestreuen, goldgelb auf Folie backen.

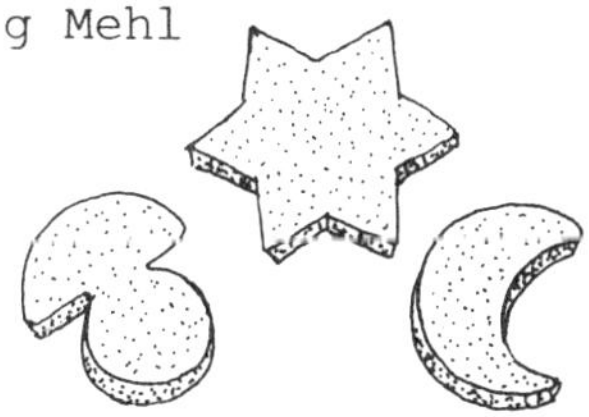

Einschieben	Elektro	Gas	Backzeit	Aufbewahren
Mitte	200°	2-3	12 Min.	Blechdose

Hirschknöpfe (Foto S.73)

125 g Butter	in einem Pfännchen erhitzen ohne zu bräunen. Erstarren lassen,mit
70 g Zucker	
1 Prise Salz	
2 EL Vanillezucker	weißschaumig rühren,
150 g Mehl	und
50 g Stärkemehl	gesiebt untermischen,wenn nötig,Teig etwas kühl stellen. Ca. 3,5 cm dicke Rolle formen,mit
1 Eiweiß	bestreichen,
* 50 g Mandeln	ungeschält,grob gehackt mit
1 EL Hagelzucker	und
1 EL Farinzucker	mischen,Rolle darin wälzen,Gemisch fest andrücken. In Pergament gewickelt im Kühlschrank fest erstarren lassen. 4 mm Scheibchen abschneiden,auf Alufolie legen,nochmals kühl stellen und hellgelb backen.

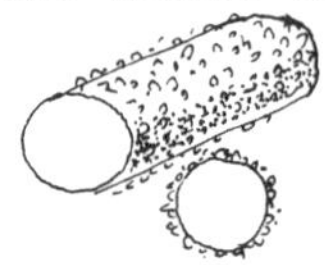

Einschieben	Elektro	Gas	Backzeit	Aufbewahren
Mitte	180°	2	12 Min.	Blechdose

Butterblumen

altes Rezept von der Uroma Oßner

140 g Butterschmalz	und
140 g Butter	mit
300 g Zucker	verrühren.
4 Eigelb	
1 Gläschen Likör	sowie die abgeriebene Schale einer
Naturzitrone	beigeben und alles zur lockeren Schaummasse rühren. Mit
500 g Mehl	auf einem Holzbrett zusammenkneten. Teig 1/2 Stunde ruhen lassen. 2-3 mm dick auswalken,Blumen ausstechen,auf ein mit Backfolie belegtes Blech legen, mit
Eigelb	bestreichen und nach Belieben mit
Hagelzucker	bestreuen und schön goldgelb backen.

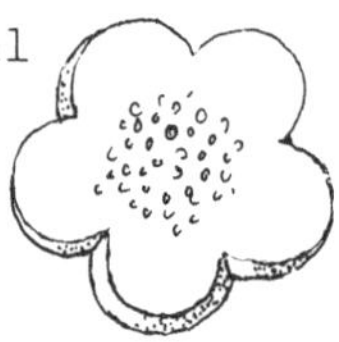

Einschieben	Elektro	Gas	Backzeit	Aufbewahren
Mitte	180°	2	12 Min.	Blechdose

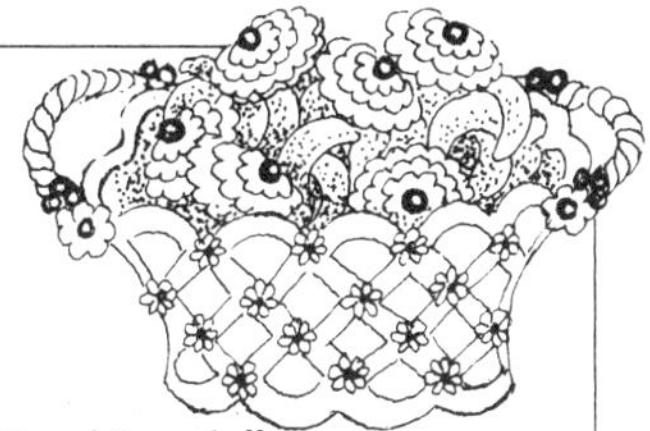

Vanillemonde (Foto S.93)

(Rezept: Vanillehörnchen aus dem "Bayerischen Kochbuch" von Maria Hofmann und H. Lydtin, Birken Verlag München)

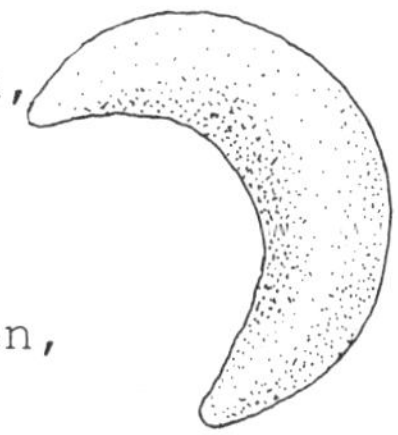

200 g Mehl	auf ein Brett sieben,
80 g feinen Grießzucker mit Vanillearoma (siehe Seite 20)	darüberstreuen,
150 g Butter	in Stückchen beifügen,
2 Eigelb	zufügen,
* 100 g Mandeln	geschält und sehr fein gerieben mit unter den Knetteig arbeiten. Teig 3-4 mm dick auswellen, Halbmonde ausstechen, kaltstellen, vorsichtig lichtgelb backen, noch heiß in feinem
echten Vanillezucker	wenden. Gut verschlossen verwahren.

Einschieben	Elektro	Gas	Backzeit	Aufbewahren
Mitte	170-180°	2	12 Min.	Blechdose

Terrassen

300 g Mehl	gesiebt mit
120 g Zucker	locker vermischen,
150 g Butter	in Flöckchen und
1 Ei	zugeben, rasch zu einem Teig verarbeiten. 1 Stunde kühl stellen. Dann recht dünn auswellen. 3-4 verschieden große gezackte Rundförmchen ausstechen, kaltstellen. Hell backen, mit
rotem Gelee oder roter Marmelade	zusammensetzen und dick mit Puderzucker bestreuen. Obenauf kommt als Krönung ein Tupfen Marmelade oder Gelee aus der Spritztülle oder eine halbe
kandierte Kirsche	Zwischen Butterbrotpapier verwahren.

Einschieben	Elektro	Gas	Backzeit	Aufbewahren
Mitte	180°	1-2	10 Min.	Blechdose

Orangenzungen

165 g Butter	zimmerwarm,
165 g Puderzucker	gesiebt und
2 ganze Eier	schaumig rühren,
1 TL Orangenschale	einer unbehandelten Frucht,
2 EL Orangensaft	und
1 EL Orangenalkohol	zufügen.
350 g Mehl	auf ein Brett sieben. Schaummasse hineingeben,zu glattem Teig verkneten,kalt stellen. 3 mm dick ausrollen,Zungen ausstechen,goldgelb backen. Nach dem Auskühlen glasieren.
	Zum Guß:
180 g Puderzucker	mit
3 EL Orangensaft	oder
3 EL Orangenalkohol	fest verrühren,bis Guß glänzend ist.

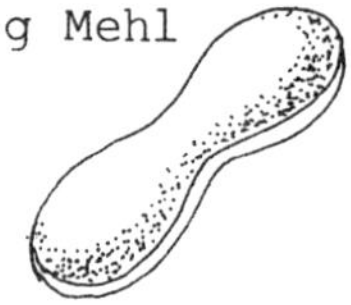

Einschieben	Elektro	Gas	Backzeit	Aufbewahren
Mitte	200°	2	10-12 Min.	Blechdose

Sandplätzchen

8 ganze Eier	und
250 g Zucker	in einer Schüssel auf Dampf schlagen, Masse darf aber nur lauwarm werden,dann kaltschlagen,nochmals warm und wieder kalt.
250 g Butter	zerlassen,aber abgekühlt,zufügen.
375 g Mehl	und
125 g Kartoffelmehl	fein sieben und untermengen,mit
3 Tropf. echtem Bittermandelöl	oder nach Belieben mit dem Mark
1/2 Vanillestange	abschmecken. Kleine Häufchen auf ein gut gefettetes und bemehltes Blech oder auf Alufolie dressieren.
	Mit abgezogenen,grobgehackten
* Mandeln	bestreuen und zart lichtgelb backen.

Einschieben	Elektro	Gas	Backzeit	Aufbewahren
Mitte	180°	2	12-15 Min.	Blechdose

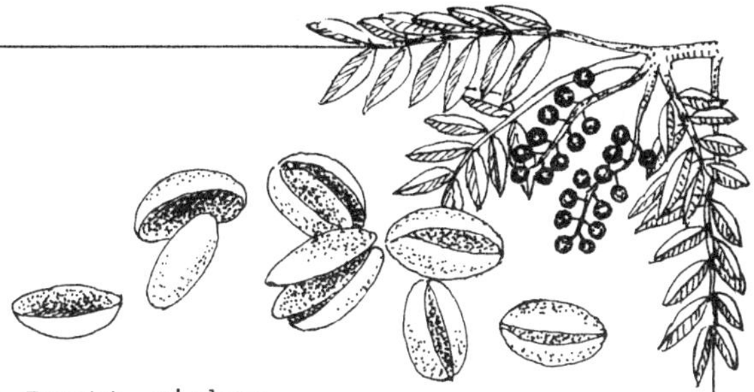

Pistazienkrapferl

280 g Mehl	und
100 g Puderzucker	auf ein Brett sieben,
150 g Butter	in Stückchen hineingeben,mit Messer durchhacken,
3 EL dicken sauren Rahm	zugeben,zu Knetteig verarbeiten,
* 30 g Pistazien	grobgehackt zum Schluß unterkneten. Rolle von 4 cm ∅ formen,in Folie gepackt kalt stellen. 5 mm Scheibchen abschneiden. Lichtgelb backen. Erkaltet je zwei Plätzchen mit glattgerührter (Mixstab)
Zitronenmarmelade	zusammensetzen,mit Glasur beziehen und halbierten
* Pistazien	garnieren. Zur Glasur:
150 g Puderzucker	gesiebt,
1 TL Zitronensaft	
1 EL Johannisbeergelee	fest verrühren.

Einschieben	Elektro	Gas	Backzeit	Aufbewahren
Mitte	190°	1-2	10 Min.	Blechdose

Mailänderli

ein altes Rezept aus der Südschweiz

125 g Butter	zimmerwarm und
125 g Zucker	schaumig rühren,
2 ganze Eier	unterrühren,die abgeriebene Schale einer
Naturzitrone	
* 60 g Mandeln	geschält und gerieben und
250 g Mehl	gesiebt zufügen. Zu weichem Teig nur leicht verkneten.
40 g Rosinen	gehackt zuletzt dazumischen. Teig kalt stellen. 4 mm dick auswellen,beliebig ausstechen. Zweimal mit
Eigelb	bestreichen,mit der Gabel Rillen ziehen,nach nochmaligem Kühlstellen goldfarbig backen.

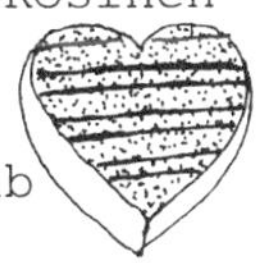

Einschieben	Elektro	Gas	Backzeit	Aufbewahren
Mitte	180-200°	2	15 Min.	Blechdose

Heidesand

240 g Butter	in einem Pfännchen unter Rühren bräunen, in einer Schüssel erkalten lassen.
210 g Zucker 1 EL Milch 3 EL echten Vanillezucker	zufügen und weißschaumig rühren.
340 g Mehl	gesiebt untermengen. Eine Rolle von 2,5 bis 3 cm formen, nach Belieben in
Hagelzucker	drehen, in Butterbrotpapier wickeln und im Kühlschrank oder Tiefkühlfach erstarren lassen. 4-5 mm Scheibchen abschneiden. Kalt stellen. Vorsichtig ganz hell backen. (Foto nebenan)

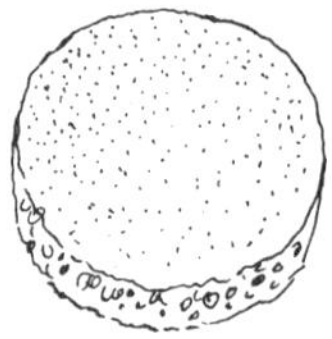

Einschieben	Elektro	Gas	Backzeit	Aufbewahren
Mitte	180°	2	15 Min.	Blechdose

Zitronentörtchen

200 g Mehl	und
100 g Puderzucker	auf ein Brett sieben,
150 g Butter	in Flöckchen,
2 EL Zitronensaft	und die abgeriebene Schale von
1/2 Naturzitrone	zufügen. Alle Zutaten rasch verkneten. Teigrolle ca. 3 cm ø formen, kalt stellen (Gefrierfach), dünne Scheibchen abschneiden, auf Folie backen. Nach dem Erkalten je 2 Plätzchen auf der Backseite mit
Johannisbeermarmelade	zusammensetzen und glasieren. Zum Guß:
2 Eigelb	mit
140 g Puderzucker	gesiebt und
1 EL Zitronensaft	recht schaumig rühren. Zwischen Folie aufbewahren.

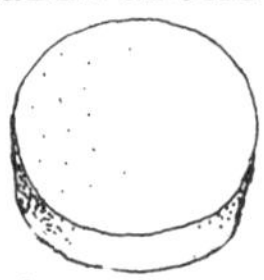

Einschieben	Elektro	Gas	Backzeit	Aufbewahren
Mitte	200°	3	15-20 Min.	Blechdose

Foto:

Heidesand

Haferflockenschnitten

1/2 Pfund Haferflocken	leicht in
1 EL Butter	und
1 TL Honig	rösten,auf ein Brett geben.
150 g Butter	in Flöckchen,
150 g Zucker	
125 g Mehl	gesiebt
* 50 g Haselnüsse	gemahlen
2 ganze Eier	
1/2 Tasse Milch	
2 EL Vanillezucker	
2 EL Orangeat	sehr feingehackt zufügen. Alle Zutaten fest verkneten,Teig dünn auswellen,in Rechtecke schneiden und auf gefettetem Blech goldgelb backen. Halbseitig mit
Schokofettglasur	beziehen oder verzieren.

Einschieben	Elektro	Gas	Backzeit	Aufbewahren
Mitte	180°	1-2	10 Min.	Blechdose

Butterschleifchen

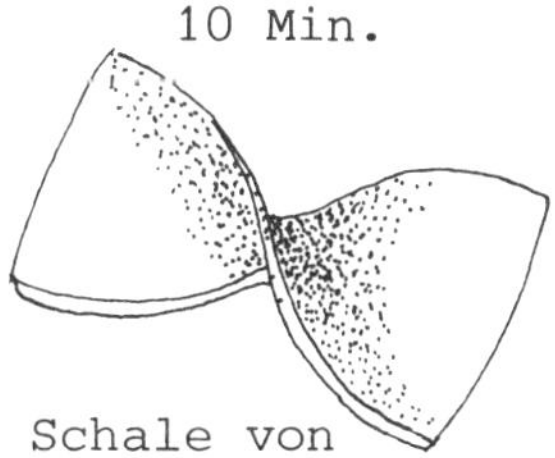

150 g Butter	
150 g Zucker	und
1 ganzes Ei	schaumig rühren,die Schale von
1 Naturzitrone	und
1 El Rum	zufügen, weiterrühren,
280 g Mehl	gesiebt untermengen,Teig kneten,mindestens 2 Std. kalt ruhen lassen.Dann 2 mm dick auswellen,Streifen von 2 x 7 cm schneiden,in der Mitte umschlagen oder zusammenkneifen.Nach Belieben mit verquirltem
Eigelb	bestreichen,kaltstellen,dann goldgelb backen.

Einschieben	Elektro	Gas	Backzeit	Aufbewahren
Mitte	200°	2	10-12 Min.	Blechdose

Mandelringe

(Entnommen aus dem "Bayerischen Kochbuch" von Maria Hofmann und H. Lydtin, Birken Verlag München)

250 g Mehl	auf ein Brett sieben,
100 g Zucker	zufügen,
200 g Butter	in Stückchen geschnitten daraufgeben,
2 rohe Eigelb	dazu,
* 4 hartgekochte Eigelb	durch ein Sieb streichen und alle Zutaten rasch zusammenkneten. (Hartgekochtes Eigelb gewinnt man indem man rohe Eier trennt und nur die Dotter im kochenden Wasserbad fest werden läßt oder von harten Eiern die Eigelbe auslöst) Den Teig kaltstellen,2-3 mm dick auswellen, runde Plätzchen und Ringe gleicher Größe ausstechen,wegen der verschiedenen Backzeit auf getrennte Bleche legen. Kalt stellen. Mit
Eigelb	bestreichen,mit geschälten gestiftelten
* Mandeln	bestreuen,lichtgelb backen. Ausgekühlte Plätzchen mit erhitzter
roter Marmelade	bestreichen,Ringe daraufsetzen. Foto S.73

Einschieben	Elektro	Gas	Backzeit	Aufbewahren
Mitte	190°	2	10-15 Min.	Blechdose

Zimtplätzchen

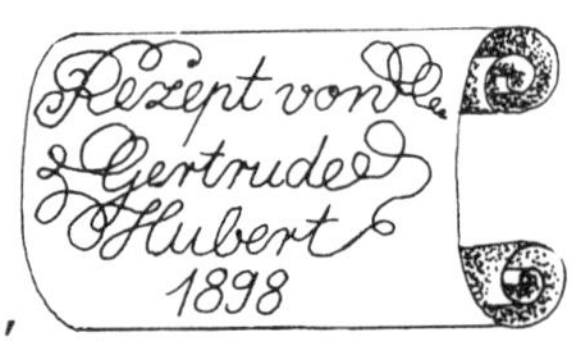

250 g Butter	zimmerwarm,
125 g Zucker	und
4 Eigelb	zusammen schaumig rühren,
500 g Mehl	gesiebt zufügen,verkneten,dünn ausrollen,beliebige Plätzchen ausstechen,auf Folie setzen, kalt stellen,mit
Eiweiß	bestreichen,
4 EL Hagelzucker	
1 EL Zimt	vermischen,auf die Plätzchen streuen. Hellbraun backen.

Einschieben	Elektro	Gas	Backzeit	Aufbewahren
Mitte	180°	2-3	10 Min.	Blechdose

Melas Butterplätzchen

500 g Mehl	auf ein Brett sieben,
375 g Butter	in Flöckchen daraufgeben,
190 g Zucker	überstreuen,
4 Eigelb	und
1 ganzes Ei	mit darunter arbeiten. Den Knetteig kalt stellen. Portionsweise wird er dann 3 mm dick ausgerollt und beliebig ausgestochen. Nun mit
Eigelb	bestreichen und schön goldgelb backen. Nach Belieben mit gehackten
Mandeln	bestreuen. Man kann auch zwei Plätzchen auf der Backseite mit
saurer Marmelade	bestreichen und zusammensetzen.

Einschieben	Elektro	Gas	Backzeit	Aufbewahren
Mitte	200°	2-3	10-12 Min.	Blechdose

Nougathäppchen

280 g Mehl	
80 g Puderzucker	zusammen auf ein Holzbrett sieben,
180 g kalte Butter	oder
Reformmargarine	in Stückchen damit abbröseln,
2 Eidotter	
1 Prise Salz	
1 EL Vanillezucker	zufügen,rasch verkneten. 2 cm dicke Rollen formen. In Butterbrotpapier verpackt mindestens 1 Stunde kühl stellen. Dünne Scheibchen abschneiden,gleich auf Folie oder bebuttertem Blech hell backen. Auf Gitter auskühlen.
200 g Nougatmasse	im Wasserbad oder in einem feuerfesten Pfännchen im Backrohr weich werden lassen. Jeweils ein Plätzchen auf der Unterseite nicht zu dünn damit bestreichen,ein zweites Plätzchen mit der Unterseite daraufsetzen. Nach Belieben kann man erweichte
Kuvertüre	in ein kleines Tütchen aus Butterbrotpapier füllen und eine dünne Verzierung auf das obere Plätzchen spritzen.

Einschieben	Elektro	Gas	Backzeit	Aufbewahren
oberes Drittel	180°	1-2	12-15 Min.	in Gläsern

Hausfreundchen

220 g Mehl	auf ein Brett sieben,
110 g Butter	in Flöckchen daraufgeben,
60 g Zucker	darüberstreuen,mit
2 Eidottern	und
1 TL Arrak	verkneten. Kurz kühl stellen. Teig ca. 2 mm dick gleichmäßig auswalgen und glatte runde Plätzchen von ca. 2,5 cm Durchmesser ausstechen oder Rolle formen,kühl stellen. 2 mm Scheibchen abschneiden. Nach nochmaligem Kühlstellen goldgelb backen und auskühlen lassen. Währendessen
250 g Rohmarzipan	mit
150 g Puderzucker	fein gesiebt und
etwas Rosenwasser	rasch verkneten,bis sich die Masse auf Puderzucker ausrollen läßt. Plätzchen in gleicher Größe ausstechen. Die Mürbteigplätzchen mit fein pürrierter,erwärmter
Aprikosenkonfitüre	dünn bestreichen,ein Marzipanplätzchen daraufgeben,das Ganze mit erweichter
Kuvertüre	beziehen und mit einem kandierten
Veilchen	oder einer
kleinen Silberkugel	belegen. (Foto S. 93)

Mürbteigplätzchen:

Einschieben	Elektro	Gas	Backzeit	Aufbewahren
Mitte	190°	2	10 Min.	in Gläsern

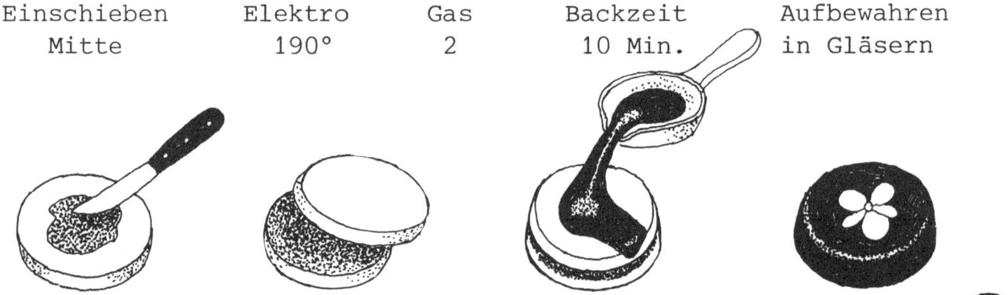

Liebesbrieferl

300 g Mehl	und
25 g Stärkemehl	auf ein Brett sieben,
120 g Zucker	daraufstreuen,
220 g Butter	in Flöckchen dazu.
2 Eidotter	
1 ganzes Ei	in die Mitte geben sowie die abgeriebene Schale einer großen
Naturzitrone	Alles gut verarbeiten, Teig zugedeckt kalt stellen. Portionsweise 2-3 mm dick auswellen. Quadrate von 8 cm schneiden.

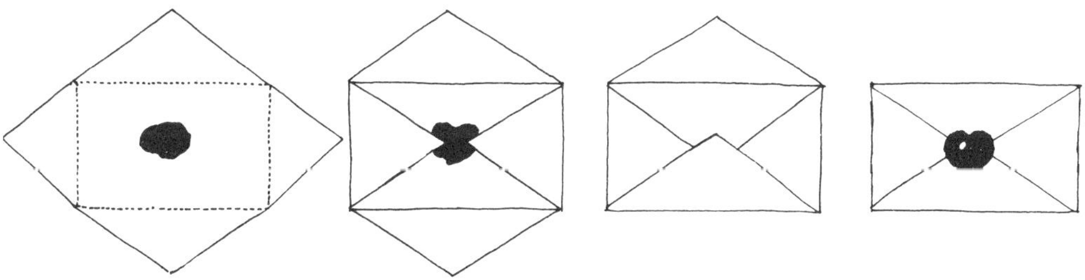

je 1/2 TL Johannisbeergelee	In die Mitte geben, Teig zu Kuverts zusammenschlagen. Kalt stellen. Mit
Eigelb	bestreichen und als Siegel eine halbierte oder gedrittelte (je nach Größe)
kandierte Kirsche	daraufsetzen. Schön goldgelb backen. Zwischen Butterbrotpapier oder Alufolie aufbewahren. (Foto S.93)

Einschieben	Elektro	Gas	Backzeit	Aufbewahren
Mitte	200°	2-3	15 Min.	Blechdose

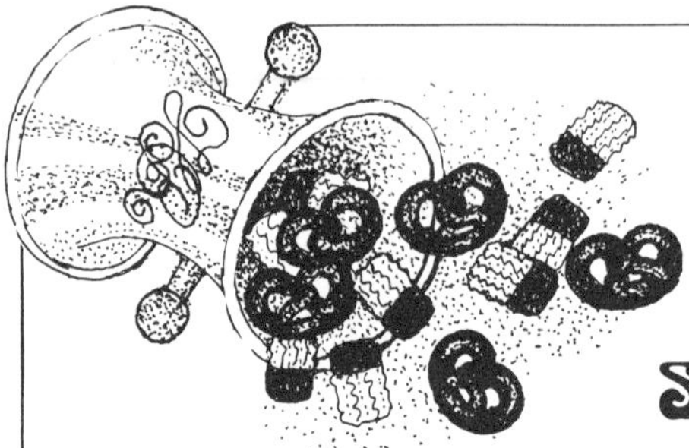

Schokospritzgebäck

150 g Butter	zimmerwarm verrühren,
100 g Zucker	
2 EL Vanillezucker	
1 ganzes Ei	und
1 Dotter	beifügen,alles schaumig rühren;
* 75 g Markenschokolade	fein reiben,zugeben,
300 g Mehl	sieben,mit der Schaummasse rasch vermengen. Teig kalt stellen. Durch die Fleischmaschine mit Ansatz geben. Flaches Zackenmuster verwenden. Stangen spritzen. 5 cm lang abschneiden. Auf Backtrennpapier oder Folie backen. Nach dem Auskühlen je ein Ende in
Schokofettglasur	tauchen. Im warmen Raum trocknen lassen.

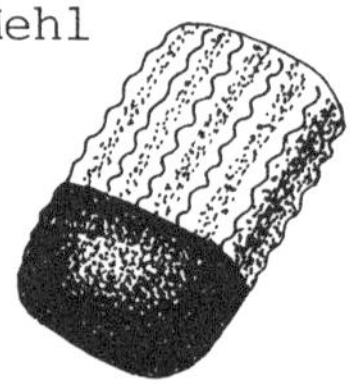

Einschieben	Elektro	Gas	Backzeit	Aufbewahren
Mitte	180-200°	2-3	10 Min.	Blechdose

Schokoladenbrezeln

200 g Mehl	sieben,auf einem Brett mit
100 g Zucker	
60 g Butter	in Flöckchen,
* 220 g Bitterschokolade	gerieben und
2 ganzen Eiern	zu feinem Teig verarbeiten. Kurz kühl stellen,dann zu ca. 18 cm breiten Platten ausrollen,Streifen von 1 cm abschneiden. Leicht rollen,zu Brezeln formen. Kalt stellen. Auf bebutterter Alufolie backen. Noch heiß mit
Schokofettglasur (1 Töpfchen)	beziehen.

Einschieben	Elektro	Gas	Backzeit	Aufbewahren
Mitte	180-200°	2	12 Min.	Blechdose

Schweinsöhrchen

1 Paket Tiefkühlblätterteig	antauen, 4 mm dicke Platten von ca. 8 x 16 cm auswellen.
1 EL Zimt	und
3 EL Hagelzucker	mischen, daraufstreuen. An den Breitseiten locker, nicht ganz bis zur Mitte einrollen. 3/4 cm dicke Scheibchen abschneiden. Auf ein mit kaltem Wasser benetzten Backblech auf beiden Seiten backen.

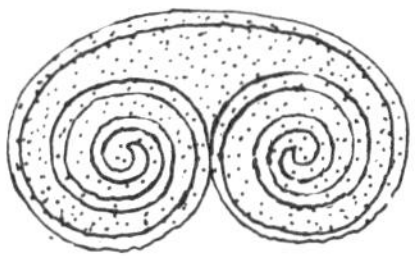

Einschieben	Elektro	Gas	Backzeit	Aufbewahren
Mitte	250°	4	je 8 Min.	Blechdose

Streusselschnitten

1 Paket Tiefkühlblätterteig	antauen, Platten von 4 cm Stärke dünn mit
saurer Marmelade	bestreichen, in Streifen schneiden und dann erst dick mit Streußel belegen.
	Streußel bereiten:
* 160 g Mehl	in einen tiefen Teller sieben, mit
* 100 g Zucker	und dem Mark von
* 1/2 Vanilleschote	gut vermischen.
* 100 g Butter	in einem Pfännchen zerlaufen lassen. Etwas abgekühlt in die Mehlmischung eintropfen lassen, mit einer Gabel dabei ständig auflockern. Streußel kurz in den Kühlschrank stellen. Die Streußelschnitten auf einem mit kaltem Wasser benetzten Blech rösch backen. Schmecken frisch am besten.

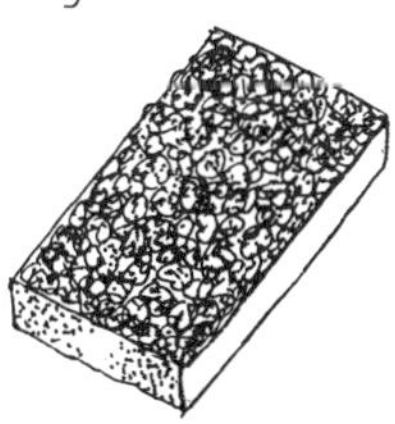

Einschieben	Elektro	Gas	Backzeit	Aufbewahren
Mitte	250°	4	12-15 Min.	nur kurz

Eder-Schnitten

500 g Mehl	auf ein Holzbrett sieben,
250 g Zucker	daraufstreuen und eine Mulde eindrücken,
3 ganze Eier	
2 kleine Dotter	hineingeben, auf den Mehlkranz
250 g Butter	in Flöckchen daraufgeben, die Schale einer
Naturzitrone	
2 EL dicken Sauerrahm	
1 Msp. Ammonium	in
1 EL Rum	aufgelöst, zufügen. Alles gut verkneten. Teig kalt stellen. 10-15 cm breite, messerrückendicke Streifen auswellen, auf gebuttertes Blech legen, mit

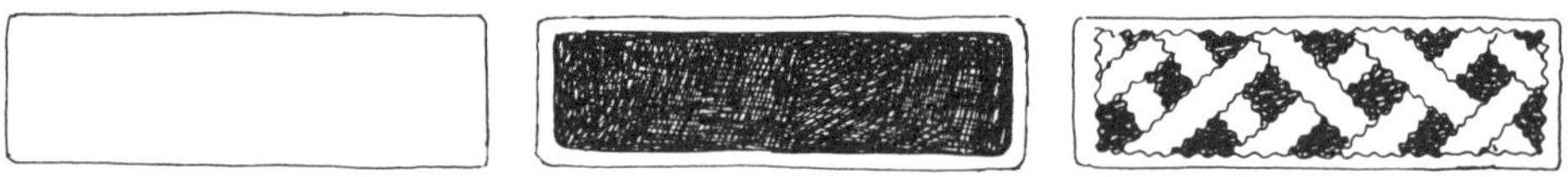

Johannisbeermarmelade	die man etwas durchgehackt hat, nicht ganz bis zum Rand bestreichen, 2 cm breite Teigstreifen ausrädeln und als Gitter darüberlegen. Ränder andrücken, mit Eigelb bestreichen und rösch backen. Auf die Marmeladenstellen folgenden Guß mit Löffel verteilen:
200 g Puderzucker	gesiebt mit
2 EL Arrak	dick rühren. Gebäck noch warm in ca. 2 cm breite Streifen schneiden.

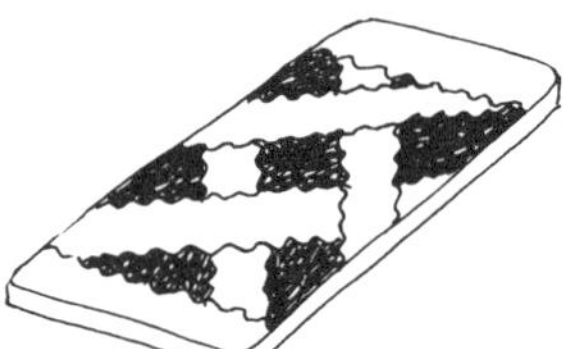

Einschieben	Elektro	Gas	Backzeit	Aufbewahren
Mitte	180°	1-2	15 Min.	Blechdose

Tante Fanny's Weihnachtssterne

1000 g Mehl	auf ein Brett sieben, Mulde eindrücken
3 EL Milch	
4 ganze Eier	hineingeben,
400 g Zucker	einrühren und
200 g Butter	in Flöckchen auf den Mehlkranz verteilen. Erst mit Messer, dann von Hand Teig zusammenarbeiten und ruhen lassen. Inzwischen:
4 kleine Eier	und
280 g Zucker	fest schaumig rühren, die geriebene Schale von
4 Naturzitronen	untermischen und mit
*280 g Hasel-oder	
*300 g Walnüssen	gerieben, vermengen. Den ersten Teig 4 mm dick auswellen, Sterne ausstechen, in die Mitte runde Kugerl aus dem Nußteig setzen, mit nassem Kochlöffelstiel Vertiefung eindrücken, mit fester
Himbeermarmelade	füllen und auf gefettetem Blech goldgelb backen. Man kann die Marmelade auch nach dem Backen einfüllen.

Einschieben	Elektro	Gas	Backzeit	Aufbewahren
Mitte	190°	2	25-30 Min.	Blechdose

Butterlaibchen

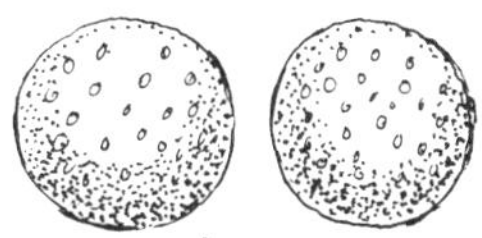

150 g Mehl	auf ein Brett sieben,
50 g Zucker	daraufstreuen,
2 Eigelb	und
140 g Butter	in Stückchen sowie die Schale einer ganzen
Naturzitrone	zufügen und rasch zu zartem Teig verkneten. Mindestens 1 Stunde kalt stellen! Portionsweise kleine Kugeln formen.
1 Eidotter	und
1 EL Rahm oder Milch	verrühren, Gebäck damit bestreichen, mit
Hagelzucker	bestreuen, auf bebuttertem Blech nochmals kaltstellen und dann zartgelb backen.

Einschieben	Elektro	Gas	Backzeit	Aufbewahren
Mitte	180°	2	15 Min.	Blechdose

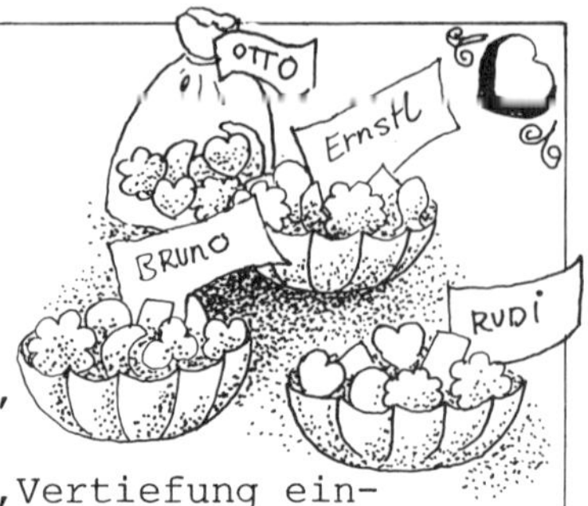

Schokoplätzchen

750 g Mehl	mit
125 g Kakao	und
1 TL Backpulver	auf ein Backbrett sieben,
375 g Zucker	darüberstreuen,
375 g Butter	in Flöckchen daraufgeben,Vertiefung eindrücken,
3 ganze Eier	
1 EL Rum	
1/2 TL Zimt	
1 Msp. Nelken	hineingeben und alles zu einem Knetteig verarbeiten. Kurz kühl stellen. 3 mm dick ausrollen und ausstechen. Am besten auf gefetteter Folie backen. Noch heiß glasieren.
	Zum Guß:
300 g Puderzucker	sieben,mit
2 EL heißem Wasser	
1 TL Zitronensaft	
2 EL Arrak	fest verrühren bis Guß dick und glänzend ist.

Einschieben	Elektro	Gas	Backzeit	Aufbewahren
Mitte	190°	2	10-12 Min.	Blechdose

Berta Keks

100 g frisches Butterschmalz	mit
250 g Zucker	schaumig rühren.
2 ganze Eier	zugeben,mit
1 Päckchen Vanillezucker	
1/2 TL Zimt	
1/4 TL Nelken	
1 EL Zitronenzucker	und
4 EL Milch	gut vermischen.
500 g Mehl	auf ein Brett sieben,mit der Schaummasse verkneten. Teig 3 mm dick auswalgen. Kekse ausrädeln. Braun backen.

Einschieben	Elektro	Gas	Backzeit	Aufbewahren
Mitte	190°	2-3	10 Min.	Blechdose

Sterntaler

100 g Mehl	zusammen mit
50 g Stärkemehl	auf ein Brett sieben.
2 kleine Eidotter	
80 g Zucker	
1 EL Vanillezucker	
* 50 g Haselnüsse	gerieben daraufgeben.
90 g Butter	in Flöckchen zufügen. Alle Zutaten mit Messer zusammenhacken,dann rasch durchkneten. Rolle von 4 cm ø formen,in Butterbrotpapier gewickelt in Kühlschrank geben. Wenn der Teig fest ist,2 mm dicke Rädchen abschneiden,auf Butterbrotpapier oder Folie hellgelb backen. Nach dem Abkühlen mit
Schokofettglasur (1 Töpfchen)	bestreichen und mit Marzipansternen belegen. Zu den Sternen halbe Masse der Marzipanbrötchen S.166 verwenden. Diese 3 mm dick ausrollen,Sterne ausstechen,die kleiner als die Mürbteigplätzchen sind.

Einschieben	Elektro	Gas	Backzeit	Aufbewahren
Mitte	180°	2	10 Min.	Blechdose

Pfarrerkäppchen

375 g Mehl	auf ein Brett sieben,
130 g Zucker	daraufgeben,
250 g Butter	in Stückchen darauf verteilen und eine Grube machen,
4 Eidotter	und
2 EL Arrak	hineingeben. Alle Zutaten mit einem Messer rasch durchhacken und mit kühlen Händen verkneten. Kalt stellen. Den Teig 3 mm dick auswellen,runde Plätzchen von 7 cm ø ausstechen. In die Mitte einen Tupfen
Johannisbeermarmelade	geben,an drei Stellen zusammendrücken,so daß ein Käppchen entsteht. Zweimal mit
Eigelb	bestreichen und goldgelb backen.

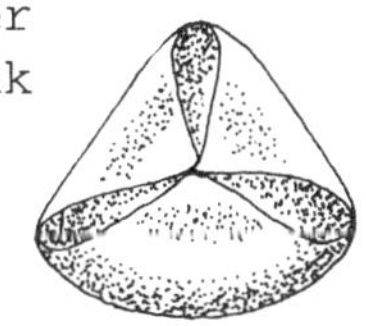

Einschieben	Elektro	Gas	Backzeit	Aufbewahren
Mitte	190°	2	15 Min.	Blechdose

Elisabethkarten

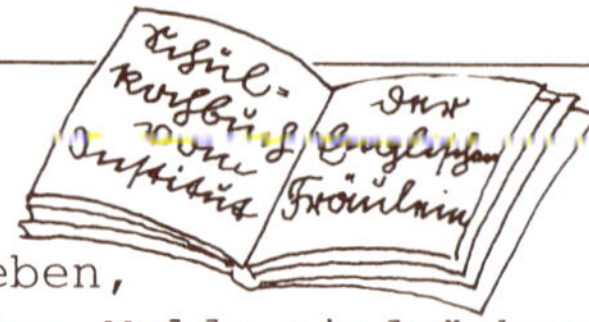

200 g Mehl	auf ein Backbrett sieben,
150 g Zucker	darüberstreuen und eine Mulde eindrücken,
100 g Butter	in Flöckchen auf den Rand verteilen,
1 Ei und 1 Eigelb	in die Vertiefung geben, mit
1/2 TL Zimt	
1/4 TL Nelken	und
1-2 EL Rum	alle Zutaten zusammenarbeiten. Teig eine Stunde kalt ruhen lassen, 3 mm dick ausrollen, Rechtecke ausstechen, wenn keine passende Form zur Hand, exakte Rechtecke mit dem Messer schneiden, auf ein mit gefetteter Alufolie belegtes Blech legen, mit
1 Eiweiß	bestreichen und auf jede zweite "Karte" eine Haselnuß oder abgezogene
*Mandel	drücken. Die Karten hellbraun backen, mit langem dünnen Messer von der Folie lösen, aber erst nach dem Erkalten abnehmen. In der Zwischenzeit aus
80 g Butter	
50 g Puderzucker	und
*50 g Haselnüssen	geröstet und gemahlen eine streichfähige Creme herstellen, die mit etwas
Likör	abgeschmeckt wird. Die Karten ohne Nüsse auf der Backseite mit Creme bestreichen und jeweils eine andere Karte mit Nuß oder Mandel daraufsetzen. Nach Belieben ganz leicht mit etwas gesiebten
Puderzucker	bestreuen. Frisch am besten, nicht zu lange lagern, Füllung verliert sonst an Geschmack.

Einschieben	Elektro	Gas	Backzeit	Aufbewahren
Mitte	190°	2	10 Min.	in Gläsern

Schwarz-Weiss-Rolle

375 g Mehl — und
180 g Puderzucker — gemischt auf ein Backbrett sieben,
250 g gute Margarine
(keine Butter!) — im ganzen Würfel in das Gemisch geben und mit dem Handballen verkneten. Der geschmeidige Teig wird fast gleich halbiert. In den kleineren Teil knetet man mindestens
3 EL dunklen Kakao — gesiebt,
2 EL Zucker — und
2 EL Rum

Der Teig muß geschmeidig und tiefbraun sein,damit er sich vom weißen Teig gut abhebt. Beide Teige getrennt,in Folie gepackt,kühl stellen.

Vom weißen Teig auf Pergament ein langes Rechteck 5 mm stark ausrollen,schwarzen Teil auf rechteckigem bemehlten Karton ebenso stark glattrollen,auf die weiße Platte gleiten lassen. Mit Hilfe des Pergamentpapiers,auf dem die weiße Rolle liegt,die beiden Teige fest zusammenrollen. Die Rolle in Pergament geschlagen im Kühlschrank über Nacht ruhen lassen. Dann mit scharfem Messer 3-4 mm dicke Scheibchen abschneiden,auf mit Alufolie belegtes Blech legen,1 cm Abstand halten. Unbedingt nochmals kalt stellen. Dann ganz hell backen. Das Gebäck hält sich ausgezeichnet,kann aber auch schon ganz frisch gegessen werden.

Einschieben	Elektro	Gas	Backzeit	Aufbewahren
Mitte	180-190°	1-2	12 Min.	Blechdose

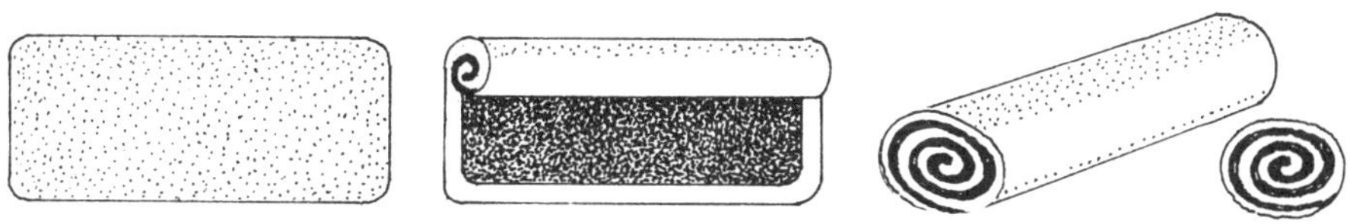

Schachbrettplätzchen

Teig herstellen wie bei Schwarz-Weiß-Rolle,jedoch 2/3 weißen und 1/3 dunklen Teig. 1/3 hellen Teig beiseite legen. Vom dunklen und übrigen hellen Teig 8 mm Streifen schneiden,

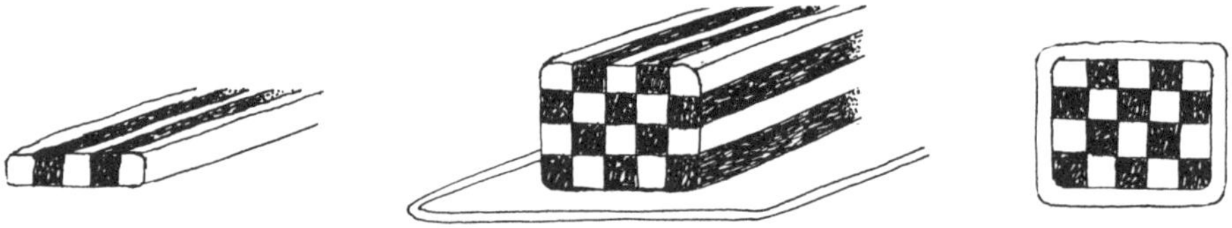

diese versetzt aufeinanderlegen, mit dem zurückbehaltenen ausgerollten Teig einschlagen. In Pergament gewickelt über Nacht in den Kühlschrank legen. Dann 3-4 mm dicke Scheibchen abschneiden und hell backen wie Schwarz-Weiß-Rolle (S.51).

(Foto S.93)

Bunte Vögel

250 g Mehl	auf ein Brett sieben, Mulde eindrücken,
1 ganzes Ei	und
* 2 Dotter	hartgekocht,durchpassiert, hineingeben,
125 g Zucker	darüberstreuen,die feingeriebene Schale und den Saft einer
Naturzitrone	zufügen und das Ganze mit
125 g Butter	in Stückchen zu einem glatten Teig verarbeiten. Kalt stellen. 3 mm dick ausrollen,Vögerl ausstechen,nur die Flügelpartie mit
Eigelb	bestreichen und buntem
Streuzucker	verzieren. Als Auge eine
Liebesperle	eindrücken. Dieses Gebäck kann auch als Christbaumbehang verwendet werden,dann vor dem Backen Loch einstechen.(Foto S.93)

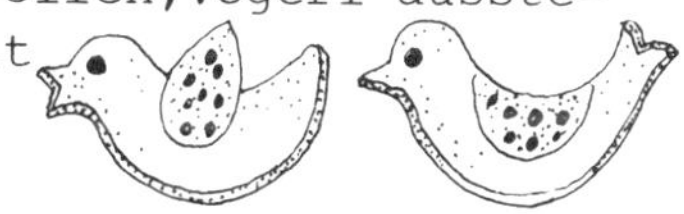

Einschieben	Elektro	Gas	Backzeit	Aufbewahren
Mitte	190°	2	15 Min.	Blechdose

Tannenbäumchen

400 g Butter	glattrühren,abwechselnd mit
200 g Farinzucker	
3 Eigelb	und
3 EL süßem Rahm	zur Schaummasse rühren,mit
520 g Mehl	gesiebt,gut verarbeiten. Kühl stellen. Auswellen,Tannenbäumchen ausstechen,kurz kaltstellen,goldgelb backen,noch heiß mit
Eiweiß	bestreichen und
* Pistazien	feingehackt bestreuen. Nach Belieben mit
Streuzucker	oder
Liebesperlen	verzieren.

Einschieben	Elektro	Gas	Backzeit	Aufbewahren
Mitte	180°	2	10 Min.	Blechdose

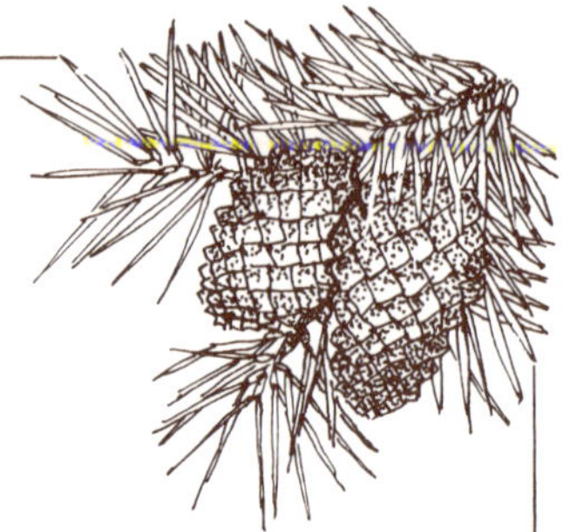

Gefüllte Sterne

400 g Mehl	auf ein Brett sieben,
125 g Zucker	darauf streuen,
2 EL Vanillezucker	
1 Msp. Macisblüte	und
1 EL Rum	zufügen, alles mit
250 g Butter	in Stückchen, rasch zu einem zarten Teig verkneten. Kalt stellen, 2 mm dick auswellen, mit kleinen Sternformen ausstechen, nochmals kalt stellen, hellbraun backen, je 2 Sternchen auf der Unterseite mit erwärmtem
roten Johannisbeergelee	zusammensetzen. Mit
Schokoladenfettglasur	beziehen und auf jeden Stern
1 Pinienkern	geben. Zwischen Butterbrotpapier verwahren. (Foto nebenan)

Einschieben	Elektro	Gas	Backzeit	Aufbewahren
Mitte	190°	2	12 Min.	Blechdose

Pfauenaugen, Schweizer Spitzbuebli

300 g Mehl	auf ein Brett sieben,
150 g Zucker	daraufgeben
120 g Butter	in Stückchen
1 ganzes Ei	
1 EL Vanillezucker	mit unterarbeiten. Kalt stellen. Dünn auswellen, runde gezackte Plätzchen ausstechen, in die eine Hälfte der Plätzchen mit kleinstem runden Ausstecher oder Glasröhrchen drei kleine Löchlein einstechen. Goldgelb backen. Erkaltet die unausgestochenen Plätzchen auf der Backseite mit erwärmtem
roten Gelee	bestreichen. Die Plätzchen mit den "Löchlis" mit
Puderzucker	besiebt auf die Geleeplätzchen setzen. Sollen vor Gebrauch 10 Tage lagern. (Foto S.93)

Einschieben	Elektro	Gas	Backzeit	Aufbewahren
Mitte	180°	2	10 Min.	Blechdose

Foto:

Gefüllte Sterne

Olgaringe

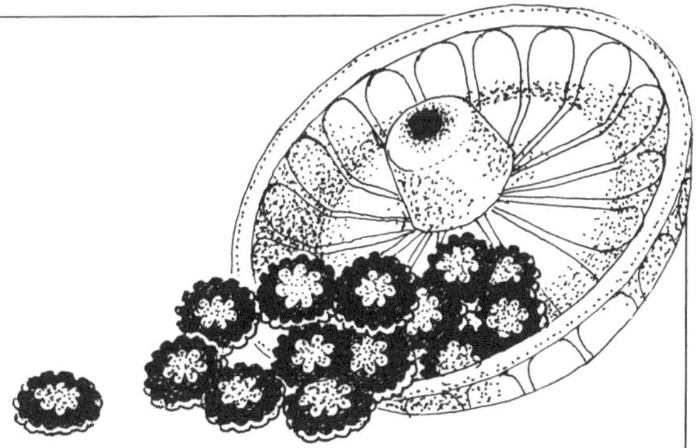

(Nach dem Rezept aus dem "Bayerischen Kochbuch" von Maria Hofmann und H. Lydtin, Birken Verlag München)

500 g Mehl	auf ein Brett sieben,
250 g Zucker	darüberstreuen und eine Mulde eindrücken,
Vanillezucker	oder die abgeriebene Schale einer
Naturzitrone	zufügen,
3 Eigelb	und
1 ganzes Ei	hineingleiten lassen,
250 g Butter	in Stückchen auf den Mehlkranz geben und alles rasch verkneten. Teig ca. 3 mm dick auswellen,runde gezackte Plätzchen und gleichgroße Ringe ausstechen,kurz kalt stellen,Ringe und Plätzchen auf getrennten Blechen (verschiedene Backdauer!) hellgelb backen. Ringe erkaltet mit
Schokoglasur	beziehen,nach Belieben mit gehackten
Pistazien	bestreuen. Plätzchen mit
roter Marmelade	bestreichen,die glasierten,gut getrockneten Ringe daraufsetzen.
	Zur Glasur:
200 g Schmelzschokolade	mit
2-4 EL warmen Wasser	im Wasserbad auflösen,
30 g Butter	zufügen,glatt rühren,sofort warm über Gebäck geben,an zugfreiem Ort trocknen. Zwischen Folie aufbewahren. (Foto S.93)

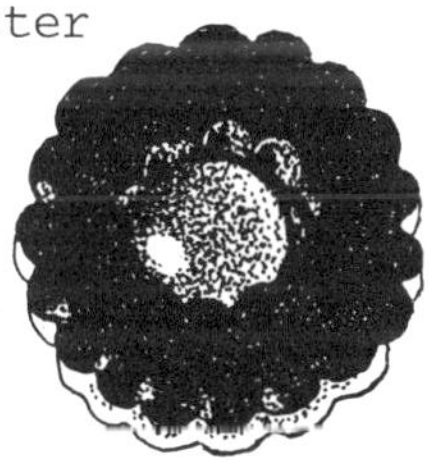

Einschieben	Elektro	Gas	Backzeit	Aufbewahren
Mitte	190°	2	10-12 Min.	Blechdose

Neapolitanische Tortletts

200 g Mehl	auf ein Brett sieben,
150 g Mandeln	geschält gewiegt,
50 g Zucker	und
1 EL Vanillezucker	daraufstreuen,
1 EL Zitronensaft	und
1 Eidotter	zufügen,
130 g Butter	in Stückchen unterarbeiten. Kalt stellen. 3 mm dick auswellen,runde Plätzchen ausstechen,goldgelb backen. Erkaltet,die Böden mit
roter Marmelade	bestreichen,zwei Plätzchen zusammensetzen. Mit Glasur beziehen und bunt garnieren mit
kand. Fruchtstückchen	
	Zum Guß:
200 g Puderzucker	mit dem Saft einer
halben Zitrone	
ebensoviel Wasser	und
1 Msp. Safran	10 Minuten rühren. Zwischen Butterbrotpapier aufbewahren.

Einschieben	Elektro	Gas	Backzeit	Aufbewahren
Mitte	190°	2-3	15 Min.	Blechdose

Katzenpfötchen

200 g Butter	glattrühren,
80 g Rohmarzipanmasse	mit
80 g Zucker	verkneten,zur Butter geben und verrühren. Am Schluß
250 g Mehl	schnell untermengen,da der Teig sonst bröselt. In Spritzbeutel füllen,mit nicht zu kleiner Sterntülle "Pfötchen" auf bebuttertes Blech spritzen. Kalt stellen. Hell backen. Nach Belieben bis zur Hälfte in erweichte
Kuvertüre	tauchen;man kann die Katzenpfötchen auch nur leicht mit
Puderzucker	besieben.

Einschieben	Elektro	Gas	Backzeit	Aufbewahren
Mitte	180°	1-2	12 Min.	Blechdose

Hawaii-Küsschen

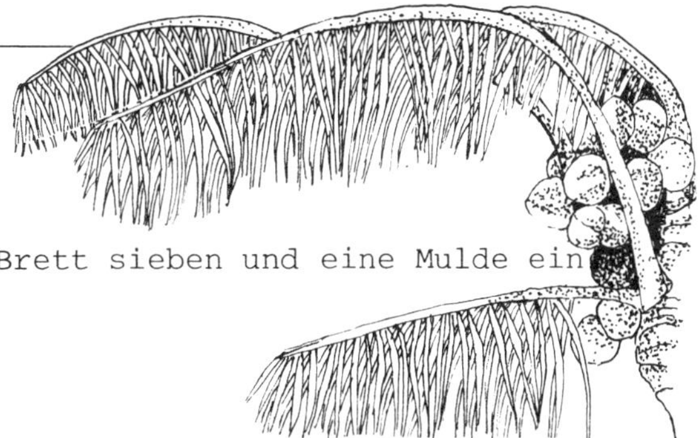

120 g Mehl	und
40 g Stärkemehl	auf ein Brett sieben und eine Mulde ein drücken,
2 kleine Eigelb	
1 Msp. Salz	
1 Msp. Ingwer	
80 g Zucker	verschlagen,hineingeben,auf den Mehlkranz
90 g Butter	in Stückchen verteilen. Rasch zu einem Teig verkneten. Rolle von 3 cm ø formen, 1 Std. ruhen lassen. 3 mm Scheibchen abschneiden. Während dieser Teig ruht,den zweiten Teig bereiten.
130 g Rohmarzipanmasse	mit
130 g Kokosraspel	
130 g kandierten Ananas	kleingehackt und
1 TL Zitronensaft	gut vermengen. Kleine Bällchen auf die Mürbteigplätzchen setzen. In die Mitte je
1/2 Cocktailkirsche	setzen und mit
Pistazien	garnieren. Nicht zu stark durchbacken. Schmecken frisch am besten.

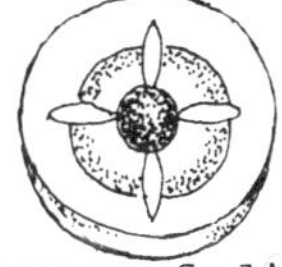

Einschieben	Elektro	Gas	Backzeit	Aufbewahren
Mitte	190°	2	10 Min.	in Gläsern

Orangenbrezeln

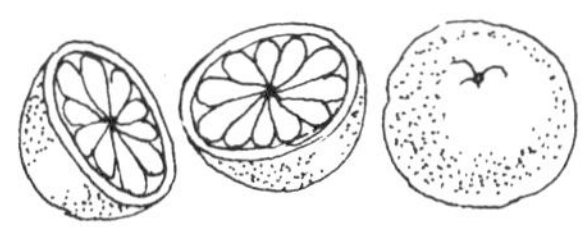

380 g Mehl	mit
140 g Puderzucker	auf ein Brett sieben,Schale einer ganzen
Naturorange	feinstgerieben,daraufgeben,
250 g Butter	in Stückchen unterhacken,
2 ganze Eier	verklopfen mit den anderen Zutaten vermengen. Teig kalt stellen. Ausformen wie Arrakbrezeln (S. 68). Noch warm mit Orangenglasur beziehen. Dazu:
300 g Puderzucker	und
3 EL heißen Orangensaft	beides gesiebt fest verrühren bis Guß dicklich ist und schön glänzt.

Einschieben	Elektro	Gas	Backzeit	Aufbewahren
Mitte	190°	2-3	ca. 12 Min.	Blechdose

Rumtörtchen

375 g Mehl — mit
1 TL Backpulver — auf ein Brett sieben,
175 g Zucker
1 Prise Salz
250 g Butter — in Stückchen,
2 ganze Eier — und die Schale einer ganzen
Naturzitrone — zufügen und alle Zutaten zu einem glatten Teig verarbeiten. Kalt ruhen lassen, runde Plätzchen und gleichgroße Ringe ausstechen. Kalt stellen, getrennt backen, da die Ringe schneller fertig werden. Erkaltet die Plätzchen auf der Backseite mit erwärmter

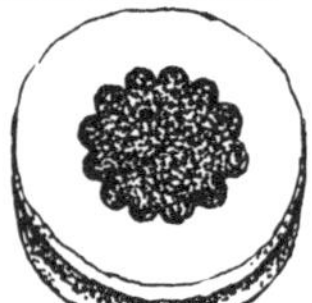

roter Marmelade — bestreichen, glasierte, abgetrocknete Ringe daraufsetzen.

Glasur für die Ringe:

125 g Puderzucker — gesiebt,
1 EL heißes Wasser
2 EL guten Rum — zusammen 10 Min. rühren.

Einschieben	Elektro	Gas	Backzeit	Aufbewahren
Mitte	190-200°	2-3	12-15 Min.	Blechdose

Bamberger Plätzchen

50 g Butter
100 g Zucker — und
1 TL Vanillezucker — schaumig rühren,
3 EL Rum

5-6 EL Milch — zufügen,
300 g Mehl — und
2 TL Backpulver — auf ein Brett sieben, mit der Schaummasse verarbeiten, dünn ausrollen, verschiedene kleine Formen ausstechen.
2 Eigelb mit Milch — verschlagen, die Plätzchen zweimal damit bestreichen und goldgelb backen.

Einschieben	Elektro	Gas	Backzeit	Aufbewahren
Mitte	200°	3	7-10 Min.	Blechdose

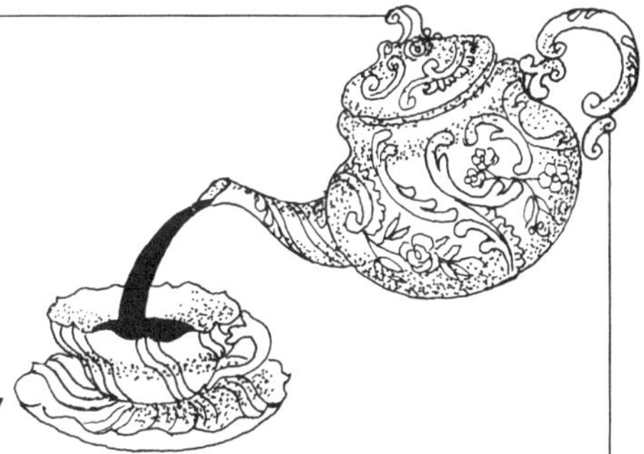

Teeblätter

20 g Hefe — in
3/4 Tasse Milch — bröckeln und zu
250 g Mehl — in eine Schüssel geben,
80 g Butter — in Flöckchen und
1 Prise Salz — zufügen und den Teig schnell verarbeiten,nicht gehen lassen,gleich nußgroße Kugeln formen,diese zu länglichen dünnen Zungen ausrollen. Eine Seite am besten mit Nudelwalger in

Hagelzucker — drücken. Die ungezuckerte Seite auf ein sehr gut bebuttertes Blech legen und backen bis die Ränder leicht braun sind. Rollt man beide Seiten in Hagelzucker,kleben die Teeblätter beim Backen leicht an und werden sehr süß. Teeblätter schmecken frisch am besten.

Einschieben	Elektro	Gas	Backzeit	Aufbewahren
Mitte	200°	2	8-10 Min.	Blechdose

Hefezuckerbrezen

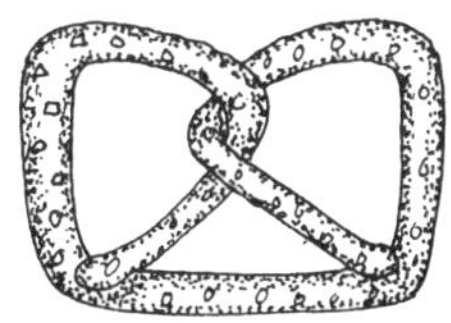

250 g Mehl — in eine Schüssel sieben,
125 g Butter — in Stückchen hineingeben,
2 ganze Eier
1 Prise Salz — verklöppelt dazu,
20 g Hefe — mit
1 TL Milch — glattrühren,mit den anderen Zutaten rasch verarbeiten und nur kurz gehen lassen. Gut walnußgroße Stücke abstechen,auf
Hagelzucker — rollen,rechteckige Brezen formen und auf gefettetem Blech hellbraun knusprig backen.
Ganz frisch am besten!

Einschieben	Elektro	Gas	Backzeit	Aufbewahren
Mitte	180°	1-2	15-20 Min.	Blechsdose

Stettiner Rahmherzen

3 Tassen Mehl	auf ein Brett sieben,
1/2 Tasse Zucker	daraufstreuen und vermischen,
1 Tasse Butter	mit dem Mehlgemisch abbröseln,
1 Vanillezucker	
1/2 TL Zimt	
1 Prise Salz	und
2 Tassen dicken sauren Rahm	untermengen. Nur wenn der Teig klebt noch etwas Mehl unterkneten. Kühl stellen. 4 mm dick auswellen,mittelgroße Herzen ausstechen,auf bebuttertes Blech legen.
1 ganzes Ei	
1 EL Rahm	verklöppeln,Herzen damit bestreichen.
Zimt und Zucker	mischen,auf die Herzen streuen. Kurz kühl stellen,dann schön goldbraun backen.

Einschieben	Elektro	Gas	Backzeit	Aufbewahren
Mitte	190°	1-2	10-15 Min.	Blechdose

Vanillebutterringel

von Carola Zwack

500 g Mehl	auf ein Holzbrett sieben,
300 g Zucker	darüberstreuen,das Mark einer ganzen
Vanilleschote	zufügen sowie
1 Ei	und
* 250 g Mandeln	geschält und gerieben.
350 g Butter	in Stückchen unterkneten. Den durchgearbeiteten Teig kalt ruhen lassen. Durch die Fleischmaschine mit Spritzansatz drehen (Sternmuster),Ringerl formen,kalt stellen,auf Folie oder Backtrennpapier zartgelb backen.

Einschieben	Elektro	Gas	Backzeit	Aufbewahren
Mitte	200°	2	15-17 Min.	Blechdose

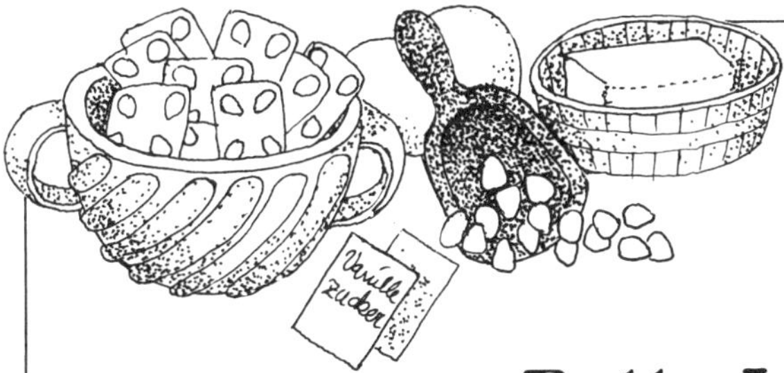

Butterkärtchen

* 250 g Mandeln	abziehen,halbieren,vier gleichgroße aussuchen und beiseite legen.
250 g Butter	zimmerwarm,
125 g Zucker	
2 EL Vanillezucker	und
3 Eidotter	schaumig rühren,
375 g Mehl	auf ein Brett sieben,mit Schaummasse zu einem Teig verarbeiten,diesen in Folie in den Kühlschrank stellen. Nach ca. 2 Std. portionsweise auswellen (2-3 mm dick) und in Quadrate von 4,5 cm schneiden. Mit
Eigelb	bestreichen,in jede Ecke eine abgezogene, halbierte
* Mandel	legen. Kühl stellen. Goldgelb backen. Sehr fein auch zum Dessert. (Foto S.73)

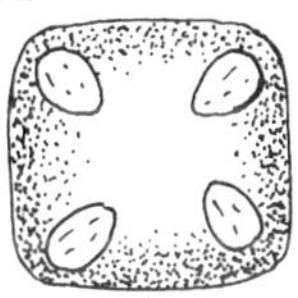

Einschieben	Elektro	Gas	Backzeit	Aufbewahren
Mitte	200°	2	ca. 14 Min.	Blechdose

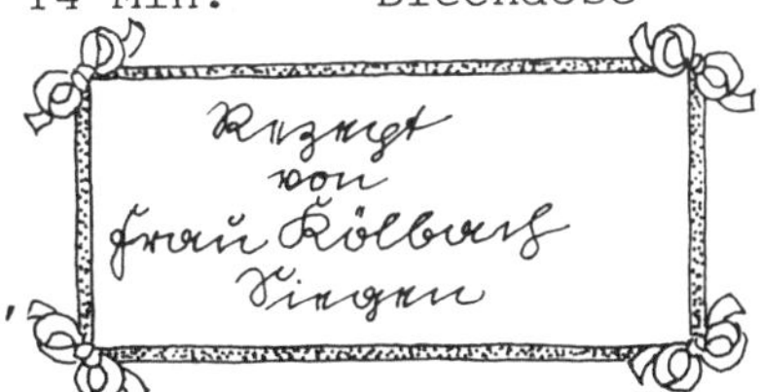

Englische Keks

500 g Mehl	auf ein Brett sieben,
125 g Zucker	dazugeben,
70 g Butter	in Stückchen geschnitten und
2 ganze Eier	verschlagen untermischen.
10 g Hirschhornsalz	in
1/8 l saurem Rahm	auflösen und beifügen. Den Teig durchkneten und über Nacht zwischen 2 Tellern ruhen lassen. Gleichmäßig dünn auswellen,beliebige Formen ausstechen,scharfes Reibeisen daraufdrücken,knusprig backen. Keine Glasur!

Einschieben	Elektro	Gas	Backzeit	Aufbewahren
Mitte	180°	2	10 Min.	Blechdose

Linzer Kolatschen

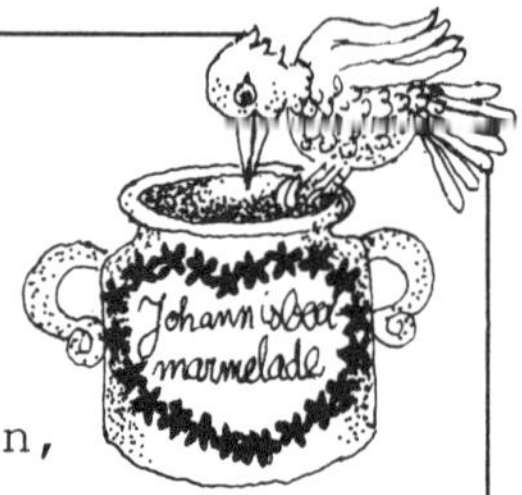

250 g Mehl	und
100 g Zucker	auf ein Holzbrett sieben,
40 g feine Semmelbrösel	daraufgeben,Mulde eindrücken,
3 kleine Eidotter	
1 TL Rum	und die abgeriebene Schale einer
Naturzitrone	hineingeben.
100 g Butter	und
100 g Butterschmalz	schaumig rühren,mit den anderen Zutaten auf dem Brett zu einem geschmeidigen Teig verarbeiten. Eine Rolle von ca. 4 cm ∅ formen. Kühlstellen,Stückchen abschneiden,Kugeln formen. Auf
Oblaten	setzen. Mit Kochlöffelstiel Vertiefung eindrücken. Kolatschen mit
Eigelb	bestreichen und fester
Johannisbeermarmelade	füllen. Goldgelb backen. Schmecken frisch am besten. (Foto S.93)

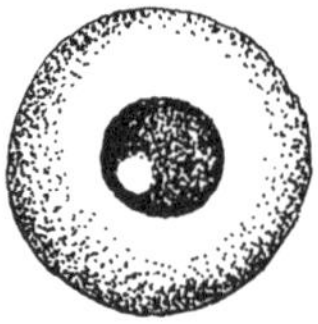

Einschieben	Elektro	Gas	Backzeit	Aufbewahren
Mitte	190°	2	ca. 20 Min.	Blechdose

Butter *S*

175 g Mehl	und
75 g Stärkemehl	auf ein Brett sieben,
100 g Zucker	und
1 EL Vanillezucker	darübergeben,
135 g Butter	in Stückchen darunterschneiden,
3 Eigelb	zufügen,ebenso die Schale einer
Naturzitrone	dann alles rasch verkneten. Teig 1 Stunde kalt ruhen lassen. Bleistiftdicke Röllchen 8 cm lang drehen, *S* formen oder durch die Fleischmaschine mit Ansatz drehen,auf mit Alufolie belegtes Blech legen und kalt stellen.
2 Eigelb	mit
1 EL Milch	verrühren,die *S* damit bestreichen und goldgelb backen.

Einschieben	Elektro	Gas	Backzeit	Aufbewahren
Mitte	180°	2	12 Min.	Blechdose

Schokoladenkringel

150 g Butter	zimmerwarm,
250 g Zucker	
1 Vanillezucker	und
3 ganze Eier	schaumig rühren,
3 EL Rum	zufügen,
500 g Mehl	und
60 g dunklen Kakao	sieben und untermischen. Teig über Nacht in Folie eingeschlagen ruhen lassen. Durch sternförmigen Spritzansatz Kränzchen spritzen. Nach dem Backen einen Streifen mit weißer Glasur anbringen und mit buntem
Streuzucker	garnieren. Zum Guß:
150 g Puderzucker	gesiebt.
1 EL Zitronensaft	
1 Eiweiß	dickcremig rühren.

Einschieben	Elektro	Gas	Backzeit	Aufbewahren
Mitte	180°	1-2	10-15 Min.	Blechdose

Husarenkrapferl

150 g Butter	
150 g Zucker	
2 EL Vanillezucker	
1 Prise Salz	und
2 ganze Eier	recht schaumig rühren,portionsweise
375 g Mehl	gesiebt zugeben,zuletzt mit Hand zu geschmeidigem Teig verarbeiten,ca. 5 cm Rolle formen,gleichgroße Stückchen abschneiden,zu kleinen Kugeln drehen. Mit nassem Kochlöffel Vertiefung eindrücken. Krapferl mit
Eigelb	bestreichen,gleich in geschälte und gehackte
* Mandeln	drücken. In die Vertiefung dicke,erwärmte
rote Marmelade	mit glatter Tülle spritzen. Oder nach Belieben je eine
Cocktailkirsche	hineinsetzen. Auf Alufolie oder ungefettetem Blech schön goldfarbig backen.

Einschieben	Elektro	Gas	Backzeit	Aufbewahren
Mitte	190°	1-2	20 Min.	Blechdose

Roedl-Gebäck

Prager Rezept von Frau Koralek

1000 g Mehl	auf ein Holzbrett sieben (keine Kunststoffplatte verwenden)
500 g Zucker	daraufgeben, Mulde eindrücken,
4 rohe Eidotter	hineingleiten lassen,
* 4 gekochte Eidotter	durch ein Sieb gestrichen, zufügen.
500 g Butter	in Stückchen geschnitten auf den Mehlkranz verteilen. Saft und Schale einer ganzen
Naturzitrone	zufügen, schnell durchkneten, kühl stellen. Portionsweise gleichmäßig 3 mm dick auswellen, mit verschiedenen Formen ausstechen. Teig platzmäßig gut ausnützen, beim öfteren Zusammenkneten verliert er an Aussehen und Geschmack.
3 Dotter	fest verrühren, Gebäck damit bestreichen, gleich mit abgezogenen kleingehackten
* Mandeln (ca. 100 g)	bestreuen, leicht andrücken, kalt stellen. Dann schön goldgelb backen. (Foto S.93)

Einschieben	Elektro	Gas	Backzeit	Aufbewahren
Mitte	180-200°	2-3	8-10 Min.	Blechdose

Gespritzte Kränzchen

150 g Butter	und
150 g Zucker	mit
2 ganzen Eiern	recht schaumig rühren,
2 EL Vanillezucker	und die abgeriebene Schale von
1 Naturzitrone	zufügen.
500 g Mehl	gesiebt mit der Schaummasse verarbeiten. Teig durch die Fleischmaschine mit Spritzgebäckansatz drehen. Stangen oder Ringe formen, auf gefettetes Blech oder Alufolie geben. Hellgelb backen. Enden in erweichte
Markenschokolade	tauchen. Auf Gitter abtrocknen lassen.

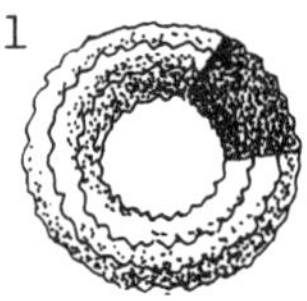

Einschieben	Elektro	Gas	Backzeit	Aufbewahren
Mitte	180-200°	2	10 Min.	Blechdose

Mohnblumen

350 g Mehl	auf ein Brett sieben,
80 g Zucker	darüberstreuen,
180 g Butterschmalz	in Flöckchen daraufgeben,Mulde eindrücken.
1 EL Zitronenzucker	
1 EL kaltes Wasser	
1 Prise Salz	und
2 ganze Eier	verschlagen,in die Vertiefung geben. Teig mit einem Messer zusammenarbeiten. Erst wenn der Teig glatt ist,
3 EL Mohn	untermischen. In Folie verpackt gut kalt stellen. 3 mm dick auswellen, Blumen ausstechen,auf ungefettetem Blech oder Folie nochmals kaltstellen. Hell backen,danach glasieren und mit
Mohn	ein kleines Kränzchen streuen,in die Mitte je ein
* Pistazienscheibchen	drücken.
	Zum Guß werden
300 g Puderzucker	gesiebt,
2 EL Zitronensaft	
2 EL heißes Wasser	und etwas
rote Lebensmittelfarbe	zugefügt. Der Guß wird gerührt bis er dick und glänzend ist. Die Plätzchen schmecken auch ohne Guß. Man kann vom Teig eine Rolle formen,kühlstellen und einfach 3 mm Scheibchen abschneiden. Große Zeitersparnis.(Foto S.73)

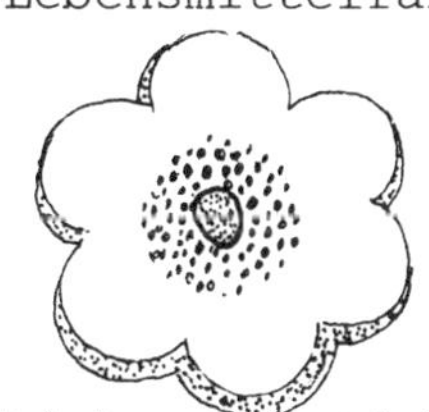

Einschieben	Elektro	Gas	Backzeit	Aufbewahren
Mitte	180°	2-3	12-15 Min.	Blechdose

Arrakbrezeln (Foto S.93)

150 g Butter	
80 g Puderzucker	und
1 Prise Salz	in eine Schüssel geben und verrühren,
1 kleines Ei	
2 EL Arrak	zufügen,
280 g Mehl	gesiebt mit den anderen Zutaten rasch verkneten. Teig kalt stellen,dann zu ca. 18 cm breiten und 1 cm dicken Streifen auswellen. Schmale Streifchen ca. 5 mm abschneiden, rollen und zu Brezeln formen. Kalt stellen, lichtgelb backen,noch warm mit passierter
Aprikosenmarmelade	bepinseln,etwas abgetrocknet mit Arrakglasur bestreichen und gut trocknen lassen.
	Zur Glasur:
200 g Puderzucker	gesiebt mit
1 EL heißem Wasser	und
2-3 EL Arrak	fest verrühren bis der Guß glatt ist.
1 TL Kokosfett	zerlaufen lassen und abgekühlt unterrühren. Getrocknet zwischen Pergament aufbewahren.

Einschieben	Elektro	Gas	Backzeit	Aufbewahren
Mitte	190°	2-3	ca. 12 Min.	Blechdose

Albertkeks, Albertli

250 g Butter oder	
250 g gute Margarine	glatt rühren,im Wechsel mit
250 g Zucker	und
5 ganzen Eiern	schaumig rühren bis die Masse hell schaumig ist. Die abgeriebene Schale von
2 Naturzitronen	zugeben.
500 g Mehl	
250 g Stärkemehl	und
1 TL Natron	auf ein Brett sieben,mit der Schaummasse zu einem glatten Teig verarbeiten. 3 mm dünn auswellen,runde Plätzchen ausstechen oder

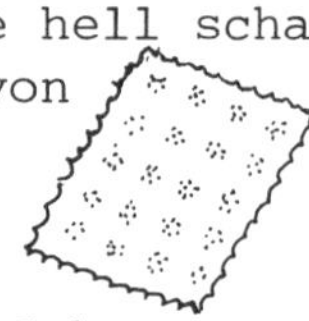

noch einfacher,rechteckige Kekse ausrädeln,mit Reibeisen Muster aufdrücken. Auf Alufolie oder gefettetem Blech hellgelb backen.

Einschieben	Elektro	Gas	Backzeit	Aufbewahren
Mitte	180-200°	2-3	10-12 Min.	Blechdose

Nussgebäck mit Fett

Haselnussbrötchen

375 g Mehl	auf ein Brett sieben,
250 g Zucker	darüberstreuen,die Schale einer
Naturzitrone	daraufreiben,
* 250 g Haselnüsse	gerieben zufügen sowie
350 g Butter	in Stückchen geschnitten,Mulde eindrücken,
1 ganzes Ei	
1 Eiweiß	
1 Prise Salz	hineingeben. Teig erst mit Messer durchhacken,dann rasch mit den Händen verkneten, Rolle von 3 cm ø formen und in Folie verpackt kühl stellen. 5 mm dicke Scheibchen abschneiden,auf Alufolie legen,nochmals kühlstellen. Inzwischen Guß bereiten.
3 Eiweiß (80 g)	sehr steif schlagen,
190 g Puderzucker	gesiebt darunterrühren bis die Masse dick und schaumig ist. Die Plätzchen damit bestreichen. In die Mitte je
1 halbe Haselnuß	setzen. In die oberste Schiene der Backröhre ein leeres Blech einschieben damit der Guß hell bleibt.

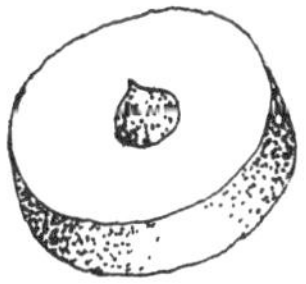

Einschieben	Elektro	Gas	Backzeit	Aufbewahren
Mitte	190°	2	10-15 Min.	Blechdose

Trübauer Stangerl

140 g Mehl	
170 g Puderzucker	zusammen auf ein Brett sieben, mit
140 g Butter	und
* 140 g Mandeln	ungeschält gerieben abbröseln.
1 ganzes Ei	
1 Eiweiß	
1 EL Wasser	verschlagen und mit unterkneten. Teig kalt stellen.
90 g Eiweiß	mit
140 g Zucker	steif schlagen,
* 140 g Mandeln	ungeschält gerieben darunterheben. Vom Mürbteig 8 cm breite Streifen auswalgen. Eiweißteig daraufstreichen. In 1 cm breite Schnitten aufteilen und diese auf ungefettetem Blech oder Folie nicht zu eng gesetzt vor dem Backen nochmals kalt stellen.

Einschieben	Elektro	Gas	Backzeit	Aufbewahren
2.Rille v. u.	190°	2	12-15 Min.	Blechdose

Echte Spitzbuben

Böhmisches Rezept von Tante Gustl

440 g Mehl	auf ein Backbrett sieben,
375 g Butter	in Stückchen daraufschneiden,
240 g Zucker	und
1 EL Vanillezucker	anstreuen,
* 250 g Mandeln	ungeschält gerieben zugeben und die ganzen Zutaten rasch zu einem Teig verkneten. Kalt stellen. Ca. 3 mm dick ausrollen, mit glattem Rundausstecher (3 cm) oder kleinem Glas ausstechen, nach nochmaligem Kühlstellen auf Folie backen. Erkaltet mit verrührter, erhitzter
Himbeermarmelade	bestreichen, je 2 Plätzchen aufeinandersetzen, diese in
echtem Vanillezucker	umwenden.

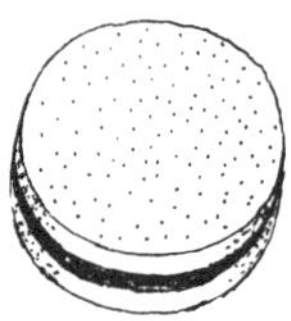

Einschieben	Elektro	Gas	Backzeit	Aufbewahren
Mitte	190°	2	ca. 8 Min.	Blechdose

Muckis Mandelschnitten

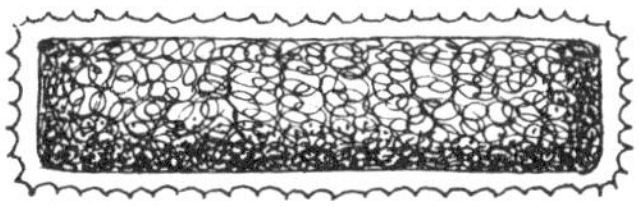

250 g Butter	schaumig rühren,
2 ganze Eier	und
125 g Zucker	zufügen,weiterrühren,abgeriebene Schale von
1/2 Naturzitrone	und
125 g Mandeln	geschält gerieben mit
25o g Mehl	gesiebt beifügen,zusammenkneten. Teig 1 cm dick ausrollen,in rechteckige Schnitten aufteilen oder ausrädeln.
1 Eiweiß	steifschlagen,die Schnitten damit beziehen,
125 g Zucker	und
125 g Mandeln	gerieben daraufstreuen. Lichtgelb backen.

Einschieben	Elektro	Gas	Backzeit	Aufbewahren
Mitte	180°	2	12 Min.	Blechdose

Haselnuss-Stängerl

140 g Mehl	in eine Schüssel sieben,
140 g Zucker	darüberstreuen,ebenso
* 180 g Haselnüsse	leicht geröstet und gerieben.
140 g Butter	in Stückchen und
2 kleine Eier	hineingeben. Mit Knethaken des Rührgeräts oder mit kalten Händen rasch verkneten. Den weichen Teig in Spritzbeutel füllen und 5 cm lange Stängerl auf ein bebuttertes Blech oder Alufolie spritzen. Kalt stellen. Jetzt Guß bereiten:
200 g dunkle Schokolade	im Wasserbad erweichen und durchrühren,
1 Eiweiß	mit
125 g Puderzucker	dickschaumig schlagen,die Schokolade unterrühren. Sollte die Masse zu fest sein,wenig heißes Wasser zufügen und glattrühren. Die Stängerl halbfertig backen,dann den Guß mit Spritzbeutel aufspritzen und bei reduzierter Hitze fertig backen. Bei Gas die Backofentüre einen Spalt offen lassen.

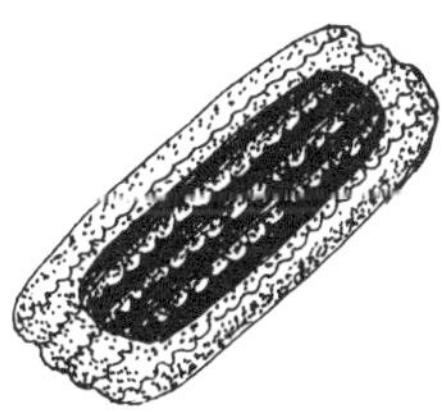

Einschieben	Elektro	Gas	Backzeit	Aufbewahren
Mürbteig:Mitte	180°	1-2	ca. 8 Min.	Blechdose
mit Guß: Mitte	100°	1	ca. 6 Min.	

Mandolinchen

280 g Mehl	mit
80 g Puderzucker	auf ein Brett sieben.
* 5o g Mandeln	geschält und feinstgerieben anstreuen
18o g Butter	in Flöckchen
8o g Marzipanrohmasse	in Stückchen mit
1 Eiweiß	vermischen,mit dem Mehl rasch verkneten. Ovale Rollen formen,im Kühlschrank fest erstarren lassen. 3 mm Scheibchen abschneiden,mit
Eigelb	bestreichen,
* je 1 geschälte Mandel	und
* je 2 halbierte Pistazien	darauflegen. Nochmals kalt stellen, dann im vorgeheizten Backrohr goldgelb backen. (Foto nebenan)

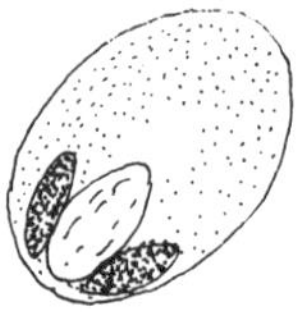

Einschieben	Elektro	Gas	Backzeit	Aufbewahren
Mitte	190°	2-3	14-15 Min.	Blechdose

Kokosblüten

250 g Mehl	und
150 g Puderzucker	auf ein Holzbrett sieben,
1 Prise Salz	
1 Prise Ingwer	und
200 g Kokosraspel	daraufstreuen,die geriebene Schale einer
Naturorange	zufügen,Mulde eindrücken,
1 ganzes Ei	
1 Eidotter	hineingeben.
180 g Butter	in Stückchen auf den Mehlkranz geben. Mit Messer Teig zusammenarbeiten,nur kurz kneten, in Folie verpackt kühl stellen bis er fest geworden ist. Auf Mehl bestäubtem Blech 2 mm dick ausrollen. Blüten ausstechen. (Siehe auch Foto Titelb.) Kalt stellen. Auf Alufolie hellbraun backen. Ausgekühlt nur die Mitte mit
Eiweiß	bestreichen,in einem kleinen Kränzchen
Kokosraspel	daraufstreuen,in die Mitte eine halbierte
Haselnuß	setzen. Plätzchen schmecken auch ohne Garnierung gut zu Eis und Dessert. (Foto nebenan)

Einschieben	Elektro	Gas	Backzeit	Aufbewahren
Mitte	190°	2-3	12-15 Min.	Blechdose

Zucker

Foto:

Pekannußhappen

Kokosblüten

Pariser Haselnußtaler

Vanillekipferl

Schokolinchen

Ischler Plätzchen

Hirschknöpfe

Mohnblumen

Ingwerküßchen

Butterkärtchen

Mandelringe

Mandolinchen

Gewürzstern

Linzer Schnitten

300 g Mehl	auf ein Brett sieben,mit
180 g Zucker	
* 300 g Mandeln	ungeschält gerieben,
300 g Butter	in Stückchen geschnitten,
1 Ei	und
1 Eidotter	
1 TL Zimt	
1 Prise Nelken	dem Saft und der Schale einer
Naturzitrone	und
1 TL Kirschwasser	zu einem Teig verkneten. Eingewickelt kühlstellen. Die Hälfte des Teiges knapp 1 cm dick ausrollen,auf rechteckige
Oblaten	legen,
ca. 400 g Himbeermarmelade	mit etwas
Zitronensaft	mischen und den Teig dick damit bestreichen. Den restlichen Teig zu Gitterstreifen ausrädeln,darauflegen,mit verquirltem
Eigelb	bestreichen und langsam backen. Abkühlen lassen und in Streifen schneiden.

Einschieben	Elektro	Gas	Backzeit	Aufbewahren
Mitte	180°	2	ca. 20 Min.	Blechdose

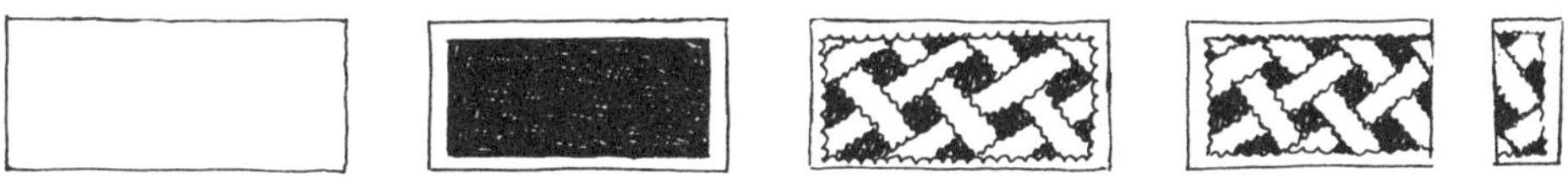

Pekannuss-Happen

125 g Mehl	und zum Aufwerten mit
2 EL Sojamehl	auf ein Holzbrett sieben,
125 g Rohzucker	daraufstreuen,
125 g Reformmargarine	in Stückchen,
* 125 g Pekannüsse oder	
125 g Walnüsse	gerieben
1 EL Vanillezucker	und
1 Eidotter	zufügen. Alle Zutaten zu einem Knetteig verarbeiten und eine ovale Rolle vom Durchmesser einer Pekannuß formen,mit
Eiweiß	fest bestreichen und auf ungeschrotetem
Leinsamen	rollen,gut andrücken. In Butterbrotpapier gewickelt im Kühlschrank fest werden lassen. 4 mm Scheibchen mit scharfem Messer abschneiden. Dünn mit
Eiweiß	bestreichen und je 1 ganze
Pekannuß	darauflegen. Hell backen. (Foto S.73)

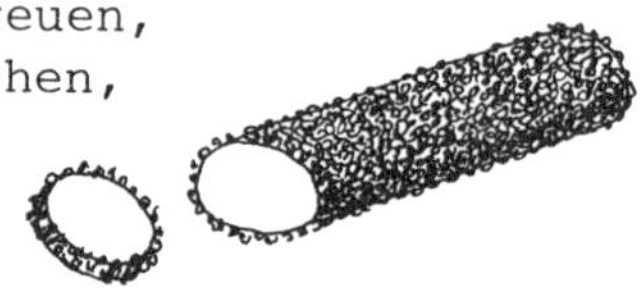

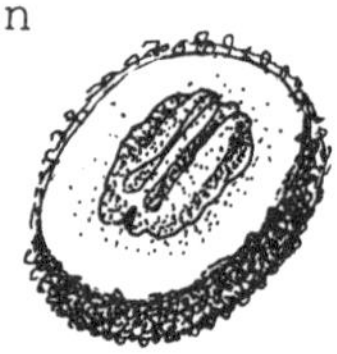

Einschieben	Elektro	Gas	Backzeit	Aufbewahren
Mitte	190°	2	12 Min.	Blechdose

Reformplätzchen, Hirseplätzchen

75 g Reformmargarine	schaumig rühren,
100 g Rohrzucker	
1 ganzes Ei	
1 Dotter	abwechselnd zugeben und weiterrühren, Schale und Saft einer
Naturzitrone	
* 80 g Mandeln	geschält und gerieben,sowie
100 g Sultaninen	zufügen.
1/2 TL Reformbackpulver	mit
120 g Hirseflocken	mischen. Alles zu Teig verarbeiten und kühl stellen. 2-3 mm dick auswellen,in kleine Rechtecke schneiden oder ausrädeln und knusprig backen.

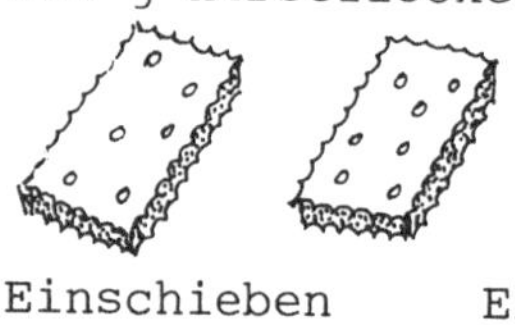

Einschieben	Elektro	Gas	Backzeit	Aufbewahren
Mitte	200°	2	10-15 Min.	Blechdose

Orangennusskeks

* 180 g Haselnüsse	leicht angeröstet und gerieben auf ein Holzbrett geben,
150 g Puderzucker	
4 EL dunklen Kakao	
180 g Mehl	zusammen darübersieben und eine Mulde eindrücken,
1 ganzes Ei	
1 Eidotter	
2 EL Orangenlikör	hineingeben, auf den Kranz
180 g Butter	in Stückchen verteilen. Die feinstgeschnittene Schale einer
* Naturorange	zufügen und alles mit einem langen Messer zusammenarbeiten. Teig rasch verkneten, zu einem rechteckigen Stollen von ca. 3 x 7 cm formen, in Butterbrotpapier oder Folie wickeln und in den Kühlschrank stellen. Dann 5 mm Scheibchen abschneiden, mit
Eiweiß	bestreichen und einem quergeschnittenen
Mandelstückchen	belegen, auf Folie oder ungefettetem Blech backen.

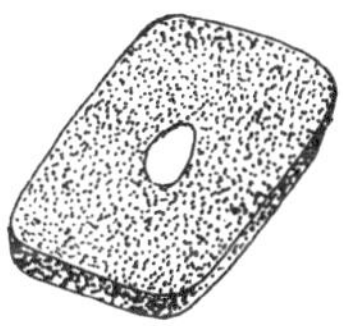

Einschieben	Elektro	Gas	Backzeit	Aufbewahren
Mitte	190°	2-3	10 Min.	Blechdose

Ingwerecken Marco Polo

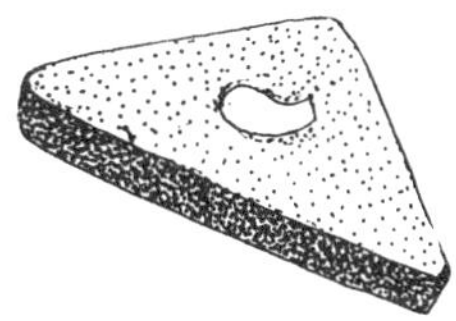

150 g Mehl	auf ein Brett sieben,
* 180 g Mandeln	ungeschält gerieben
120 g Zucker	und
1 Msp. Ingwer	gemahlen daraufgeben,
140 g Butter	darunterschneiden, alles fest verkneten,
* 30 g kandierten Ingwer	feinhacken, einen Block von 5 x 5 cm formen, kalt stellen, wenn fest, 3 mm Scheibchen abschneiden, diese halbieren, mit
Eiweiß	bestreichen, je
* 1 Ingwerstückchen	daraufgeben, auf Folie kalt stellen, dann nicht zu hell backen.

Einschieben	Elektro	Gas	Backzeit	Aufbewahren
Mitte	180°	2	8 Min.	Gefrierbeutel

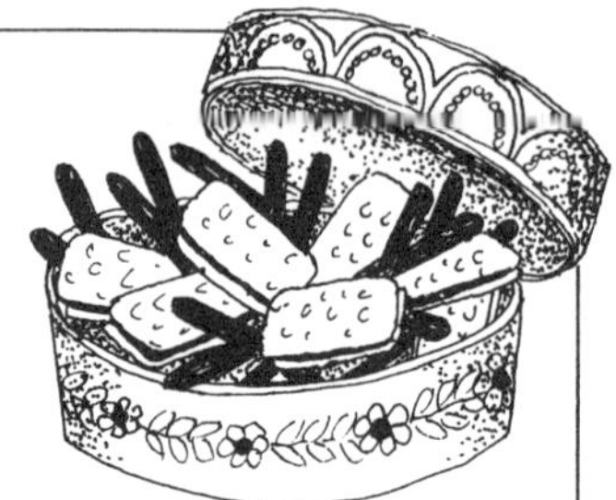

Nuss-Stängerl

280 g Mehl	auf ein Holzbrett sieben,
280 g Butter	in Flöckchen daraufgeben und mit
140 g Zucker	und
* 140 g Haselnüssen	leicht geröstet und gerieben rasch zu einem Teig verarbeiten,in kleinfingerdicke Stängerl drehen,auf Alufolie legen und hell backen,noch warm mit Schokoguß beziehen. Dazu
2 Tafel Edelbitterschokolade	mit
etwas heißem Wasser	und
20 g Zucker	im Wasserbad auflösen und dick rühren.

Einschieben	Elektro	Gas	Backzeit	Aufbewahren
Mitte	180-190°	2	20 Min.	Blechdose

Nuss-Streifen

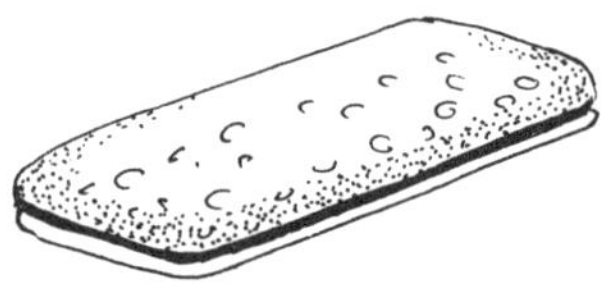

80 g Butter	und
100 g Zucker	schaumig rühren,
1 ganzes Ei	dazugeben,
200 g Mehl	sieben und gut untermischen. Masse ca. 4 mm hoch auf ein gut gebuttertes Blech streichen, hellgelb backen. Noch heiß mit
Johannisbeermarmelade	nicht zu dünn bestreichen.
6 Eiweiß	mit
150 g Zucker	zu festem Schnee schlagen.
* 150 g Walnüsse	grobgehackt untermischen. Masse bei mittlerer Hitze abrühren bis der Topfboden sichtbar ist. Dann auf den bestrichenen Mürbteig geben und fertig backen. Ein wenig abgekühlt in Streifen von ca. 2 x 8 cm schneiden.

Einschieben	Elektro	Gas	Backzeit	Aufbewahren
Mürbteig: Mitte	200°	3	15 Min.	gleich in
mit Guß: oben	180°	2	8 Min.	Blechdose

Bunte Gewürzsterne

200 g Butter	schaumig rühren,
370 g Zucker	abwechselnd mit
6 kleinen Eiern	hellcremig rühren und mit
3 EL Zimt	
1/2 TL Nelken	
1 Msp. Piment	
1 Msp. Sternanis	gemahlen
3 EL dunklen Kakao	und der geriebenen Schale einer
Naturorange	würzen.
* 225 g Haselnüsse	leicht geröstet und recht fein gerieben mit
750 g Mehl	unterarbeiten. Teig kühl ruhen lassen. Teig auswellen,mit Sternformen ausstechen,die man immer wieder in warmes Wasser taucht. Sterne auf
Oblaten	legen,nochmals kurz kühl stellen und im vorgeheizten Backrohr backen. Nach dem Erkalten Oblaten an den Rändern abbrechen und die Sterne mit Eiweißglasur beziehen knapp bis zum Rand und auf die noch feuchte Glasur sehr bunten
Streuzucker	geben,den man mit feingehackten
Pistazien	gemischt hat. Guß gut trocknen lassen vor dem Aufbewahren.(Foto S.73)
	Zum Guß:
300-350 g Puderzucker	sieben
3 Eiweiß	
1 TL Zitronensaft	ganz fest rühren. Masse soll dicklich und deckend sein. Einige
Tropfen Rote Betesaft	daruntergeben. Vorsichtig,färbt sehr stark,ist aber künstlichen Farben vorzuziehen und geschmacksfrei. Sterne erst offen lagern,gut getrocknet aufbewahren.

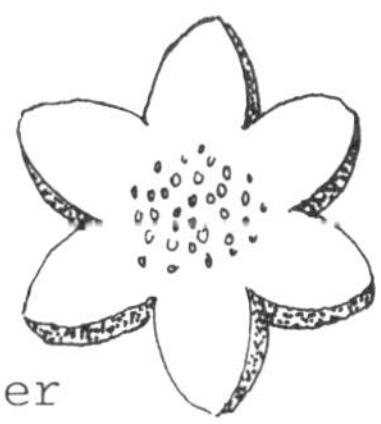

Einschieben	Elektro	Gas	Backzeit	Aufbewahren
Mitte	190°	2	10 Min.	Blechdose

Wiener Kaffeenusskrapferl

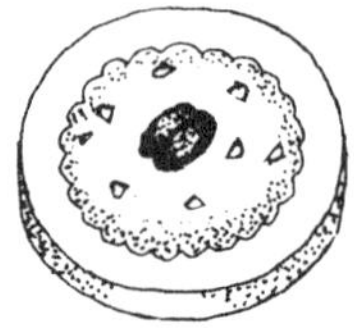

300 g Mehl	auf ein Brett sieben,
140 g Zucker	und
2 EL Vanillezucker	daraufgeben, Mulde eindrücken,
2 Eigelb	mit
2 EL Milch	verrührt hineingeben,
200 g Butter	in Stückchen mit den anderen Zutaten vermengen. Rolle von 3 cm ∅ formen, kalt stellen.
250 g Walnüsse	grob gerieben oder gewiegt mit
1/2 Tasse Milch	
1 TL Pulverkaffee	und
1/2 Tasse Zucker	aufkochen bis ein dicker Brei entsteht. Von der Teigrolle 3 mm Scheibchen abschneiden, Nußmasse daraufgeben, hell backen. Auf jedes Krapferl eine
Schokomokkabohne	setzen. Vorher Mokkabohnen in einer Pfanne nur ganz kurz anwärmen, dann kleben sie auf dem Gebäck.

Einschieben	Elektro	Gas	Backzeit	Aufbewahren
2. Rille v. u.	190°	2	12-15 Min.	in Gläsern

Vanillekränzchen

550 g Butter	
320 g Zucker	
2 EL Vanillezucker	
1 ganzes Ei	
1 Dotter	schaumig rühren, das Abgeriebene einer
Naturzitrone	unterrühren,
650 g Mehl	auf ein Brett sieben, Schaummasse und
* 180 g Walnüsse	feinstgerieben unterkneten. Teig kalt ruhen lassen. Dann portionsweise durch die Spritze mit Sterntülle geben, Ringel formen, auf Folie erst nochmals kühl stellen, dann hellgelb backen. Noch warm dick mit
Vanillezucker	bestreuen.

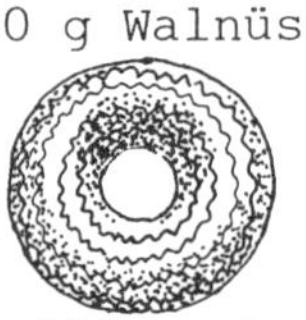

Einschieben	Elektro	Gas	Backzeit	Aufbewahren
Mitte	200°	2	12-15 Min.	Blechdose

Tante Hertas Haselnüsse

100 g Butter	mit
100 g Zucker	schaumig rühren,
2 EL Eierlikör	
1 EL sauren Rahm	
2 Eidotter	und
* 80 g Haselnüsse	geschält gerieben zufügen.
200 g Mehl	gesiebt auf einem Holzbrett mit der Schaummasse zu festerem Mürbteig verarbeiten,ggf. noch etwas
Stärkemehl	beifügen,wenn die Dotter größer sind. Teig kalt stellen. 2 mm dick ausrollen, Quadrate von 3 cm ausrädeln. Je
1 Haselnuß (insgesamt ca. 150 g)	ungeschält darauflegen. Je 3 eingeschlagene Haselnüsse zusammensetzen. Kaltstellen. Auf bebuttertem Backblech goldgelb backen. (Foto S.93)

Einschieben	Elektro	Gas	Backzeit	Aufbewahren
Mitte	180-190°	2	10 Min.	Blechdose

Helenenschnitten

125 g Butter	und
125 g Zucker	schaumig rühren,
2 ganze Eier	
1 TL Zimt	und
1 TL feinen Rum	zufügen,weiterrühren;
125 g Mehl	gesiebt unterheben. Den geschmeidigen Teig auf ein sehr gut gebuttertes Backblech streichen,mit
* 250 g Mandeln	abgezogen,blättrig geschnitten oder mit
* 250 g Haselnüssen	ungeröstet,feinblättrig geschnitten bestreuen und mit nassem Kochlöffel etwas andrücken. Im vorgeheizten Rohr hellgelb backen. Noch heiß in 8 x 2,5 cm große Schnitten teilen. Auf Gitter auskühlen lassen.

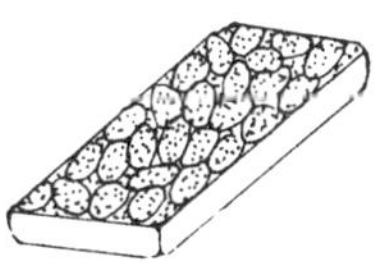

Einschieben	Elektro	Gas	Backzeit	Aufbewahren
Mitte	200°	2	15 Min.	Blechdose

Mandelspekulatius

250 g Butter	zimmerwarm glattrühren,
250 g Farinzucker	beigeben und mit
2 ganzen Eiern	zu einer lockeren Schaummasse rühren.
* 150 g Mandeln	ungeschält gerieben zufügen und folgende Gewürze beigeben:

2 EL Zimt, je 1/2 TL Nelken, Ingwer, Kardamom, Macisblüte, Salz, 1 TL Kakao, Schale einer Naturzitrone.

500 g Mehl	gesiebt, tassenweise erst einrühren, den Rest rasch unterrühren. Teig mindestens 1 Stunde kühl ruhen lassen. 3 mm dick ausrollen, mit etwas
Stärkemehl	besieben, leicht verreiben, in Spekulatiusformen drücken. Mit Draht oder einem dünnen Messer den Teig direkt am Model abschneiden. Die tieferliegenden Figuren ausklopfen, auf ein bebuttertes, mit gehobelten
* Mandeln	bestreutes Blech oder Backtrennpapier legen, kurz kalt stellen. Mit
Milch	bepinseln und recht knusprig backen. Halten sich wochenlang frisch. (Foto nebenan)

Einschieben	Elektro	Gas	Backzeit	Aufbewahren
Mitte	180°	2	10 Min.	Blechdose

Foto:

Nürnberger Marzipan (Springerle)

Mandelspekulatius

Marzipanmasse

Engadiner Nuss-Schnitten

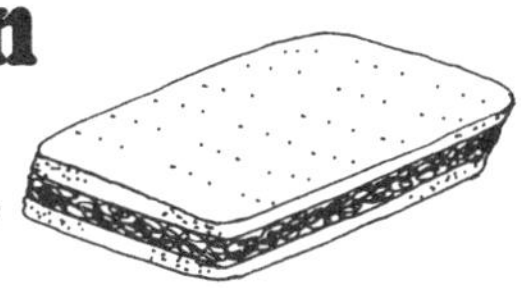

480 g Mehl	auf ein Brett sieben.
280 g Butter	in Flöckchen daraufgeben,
1/2 TL Salz	
80 g Zucker	überstreuen,abbröseln,die abgeriebene Schale einer
Naturzitrone	
1 großes Ei	
1 EL Kirsch	zugeben und alles rasch verkneten. Den Teig in Folie eingeschlagen kühl ruhen lassen. Inzwischen Fülle bereiten mit
200 g Zucker	
30 g Butter	
2 EL Honig	und
1/4 l süßen Rahm	unter Rühren aufkochen lassen bis Masse etwas anzieht,
* 80 g Mandeln	geschält und grob gehackt sowie
* 180 g Walnüsse	ganz grob gehackt und
* 30 g Sultaninen	in Rum eingeweicht,untermischen. Teig in 4 Teile trennen,zu gleich langen und gleich breiten 3 mm dicken Platten schneiden. Auf 2 Platten Fülle streichen. Rand frei-lassen,mit
Eiweiß	bestreichen. Alle 2 cm einkerben (s. Abb.)

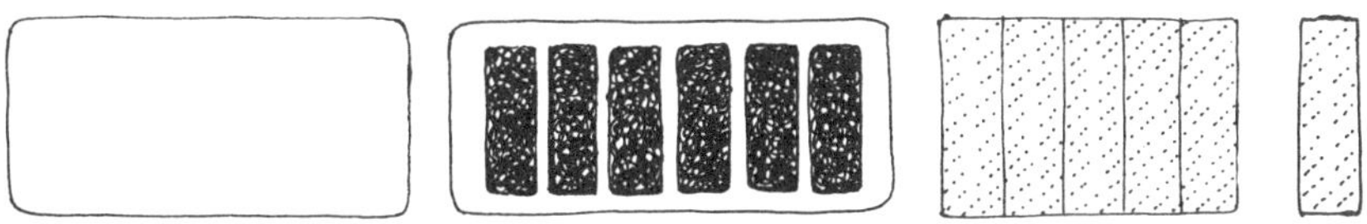

	Teigdeckel darauflegen,andrücken. Streifen schneiden. Gut mit verquirrltem
Eigelb	bestreichen,mit Gabel Löcher einstechen. Goldgelb backen. Am besten frisch anbieten.

Einschieben	Elektro	Gas	Backzeit	Aufbewahren
Mitte	180°	2-3	15-20 Min.	Gefrierbeutel

Linzer Plätzchen

250 g Mehl	auf ein Brett sieben,
125 g Zucker	daraufgeben, Mulde machen,
185 g Butter	in Stückchen auf den Mehlkranz und
4 Eigelb	in die Mulde geben,
* 80 g Mandeln	ungeschält gerieben darüberstreuen. Die feingeriebene Schale von
1 Naturzitrone	sowie
1 EL Vanillezucker	und
1 TL Zimt	zufügen und alles rasch verkneten. Teig auf Butterbrotpapier geben, Rollen von 3-4 cm ø formen, kühlstellen. 2-3 mm dicke Scheibchen abschneiden, auf Folie setzen, kaltstellen, backen. Die ausgekühlten Plätzchen auf der Backseite mit
200 g Marmelade von schwarzen Johannisbeeren	bestreichen, ein zweites Plätzchen daraufsetzen. Mit Guß beziehen oder
Puderzucker	und
etwas Zimt	mischen und die Plätzchen damit besieben.
	Zum Guß:
180 g Puderzucker	gesiebt mit
1 EL Zitronensaft	
1 EL Johannisbeergelee (rot)	und
1 EL heißem Wasser	10 Minuten rühren.
	Halten mehrere Wochen frisch.

Einschieben	Elektro	Gas	Backzeit	Aufbewahren
Mitte	190°	2	10 Min.	Blechdose

Falsches Butterbrot

70 g Butter	in kleinen Stückchen unter
100 g Mehl	schneiden, mit
140 g Zucker	
* 210 g Haselnüssen	gemahlen,
* 100 g Schokolade	feingerieben,
Zimt und Nelken	nach Geschmack,
1 Ei	und der Schale einer
Naturzitrone	rasch zu einem Knetteig verarbeiten.

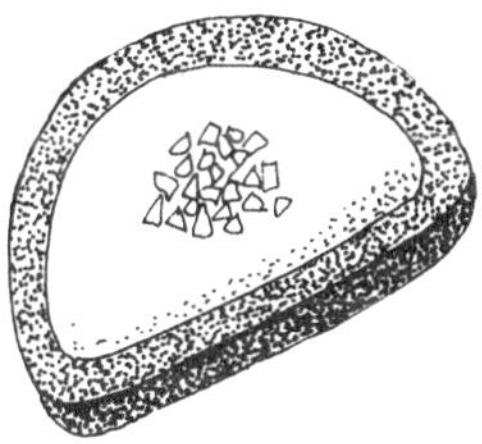

Kleine 5-6 cm breite Wecken formen, in Pergament oder Alufolie wickeln. Im Kühlschrank ruhen lassen. (Teig kann auch 1 Tag vor Gebrauch bereitet werden).
3 mm dicke Scheibchen abschneiden, nach Bedarf etwas nachformen, auf Alufolie legen, nochmals kaltstellen. Langsam backen. Auskühlen lassen. Auf der Backseite mit falscher "Butter" nicht ganz bis zum Rand bestreichen und mit gehackten

* Pistazien	als "Schnittlauch" bestreuen. Im warmen Raum gut trocknen lassen.

Zur "Butter":

3 Eigelb	mit
8-10 EL Puderzucker	(gesiebt) sehr schaumig rühren bis die Masse dicklich und hellsahnig ist. Butterbrote halten lange frisch. (Foto S.113)

Einschieben	Elektro	Gas	Backzeit	Aufbewahren
Mitte	180°	2	ca. 12 Min.	Blechdose

Vanillekipferl

280 g Mehl	auf ein Brett sieben,
80 g Zucker	dazugeben ebenso
* 100 g Mandeln	geschält und nicht zu fein gerieben.
	Eine Mulde eindrücken,
2 mittlere Eidotter	hineingeben und alles mit
220 g Butter	in Flocken rasch zu einem Teig kneten.
	Flache Stollen formen,kurz kühlstellen. Dann ca. 1 cm dicke Scheiben abschneiden, rollen zu den Enden hin dünner werdend, zu Kipferl biegen. Auf Alufolie legen. Nochmals kaltstellen. Nur hellgelb backen. Noch warm mit
echtem Vanillezucker	dick bestreuen und die Kipferl mit Folie vorsichtig vom Blech ziehen,erst nach dem Auskühlen abnehmen. Schmecken frisch ausgezeichnet und eignen sich sehr gut zum Eingefrieren.

Einschieben	Elektro	Gas	Backzeit	Aufbewahren
Mitte	175°	2	15 Min.	Blechdose

Türkische Mondbissen

375 g Mehl	auf ein Brett sieben,mit
250 g Zucker	und
* 250 g Mandeln	mit der Schale gerieben
250 g Butter	in Stückchen sowie
2 ganzen Eiern	rasch zu einem Knetteig verarbeiten,ausrollen,Monde ausstechen,kalt stellen,hell backen. Nach dem Auskühlen die Backseite dünn mit
Rosenmarmelade	ersatzweise anderer
roter Marmelade	bestreichen. Je 2 Monde aufeinanderkleben, mit Zitroneneis beziehen.
	Dazu
2 Eiweiß	gut gekühlt,mit
250 g Puderzucker	gesiebt sahnig schlagen,den Saft von
1/2 Zitrone	zufügen.

Einschieben	Elektro	Gas	Backzeit	Aufbewahren
Mitte	190°	2	10-12 Min.	Blechdose

Mandelkränzchen

250 g Mehl	auf ein Brett sieben,
250 g Butter	in Flöckchen darauf verteilen und mit
1 Eidotter	und
1/2 Tasse saurem Rahm	schnell verkneten. Teig mindestens 1 Stunde kalt ruhen lassen. 2 mm stark ausrollen und Ringe von 6-8 cm ausstechen,kühlstellen. In der Zwischenzeit
3 Eiweiß	zu sehr steifem Schnee schlagen,
250 g Puderzucker	gesiebt mit
* 250 g Mandeln	abgezogen und gestiftelt locker unterheben. Masse auf Kränzchen streichen und zartgelb backen.

Einschieben	Elektro	Gas	Backzeit	Aufbewahren
Mitte	180°	1-2	10 Min.	Blechdose

Schwabenbrötchen

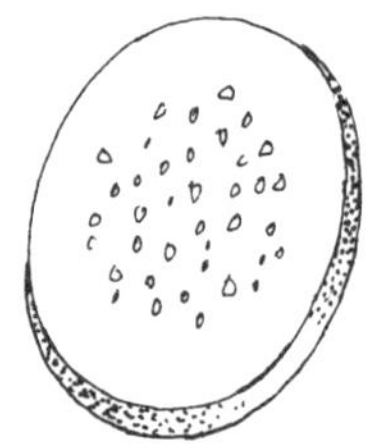

180 g Mehl	auf ein Holzbrett sieben,
* 180 g Mandeln	ungeschält gerieben und
150 g Zucker	
2 EL Vanillezucker	sowie
1 Prise Salz	
1/2 TL Zimt	und das Abgeriebene einer
Naturzitrone	daraufgeben,eine Mulde eindrücken,
1 EL Kirschwasser	
1 Ei	
1 kl. Eidotter	hineingeben. Auf den Mehlkranz
180 g Butter	in Stückchen geben. Alles mit langem Messer durchhacken,dann rasch mit den Händen verkneten. Kaltstellen. Sehr dünn auswellen, beliegige Formen ausstechen,mit
Eigelb	bestreichen und mit
Hagelzucker	bestreuen. Schön goldgelb backen.

Einschieben	Elektro	Gas	Backzeit	Aufbewahren
Mitte	200°	2	10-15 Min.	Blechdose

Pariser Haselnusstaler

200 g Butter	oder
gute Margarine	unter Rühren bräunen, in eine Schüssel geben,
80 g Edelbitterschokolade	in Stücke brechen und unter Rühren in der Butter auflösen,
80 g Puderzucker	zufügen, verrühren und Masse erstarren lassen. (Am besten im Kühlschrank) Dann sehr schaumig rühren.
200 g Mehl	
80 g Stärkemehl	sieben, löffelweise mit einrühren.
100 g ganze Haselnüsse	untermischen. Masse wenn nötig kalt stellen bis man in Butterbrotpapier eine Rolle formen kann. Ca. 4 cm Rolle erneut kalt stellen, dann 5 mm Scheibchen mit sehr scharfem Sägemesser abschneiden, nicht zu dicht auf Folie legen, vor dem Backen nochmals kalt stellen, damit die Taler die Form behalten. (Foto S.73)

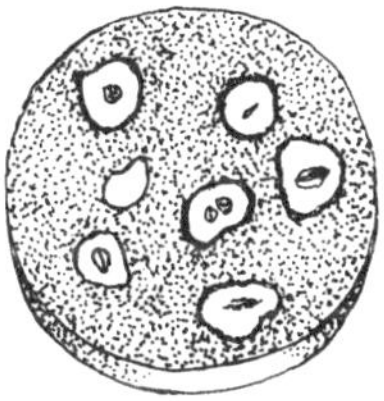

Einschieben	Elektro	Gas	Backzeit	Aufbewahren
Mitte	180°	1-2	ca. 15 Min.	in Gläsern

Haselnussplätzchen

300 g Mehl	auf ein Brett sieben,
300 g Zucker	und
300 g Haselnüsse	nur leicht geröstet und gerieben daraufgeben,
300 g Butter	in kleinen Stückchen darunterarbeiten. Teig zu Rollen von ca. 5 cm formen. In Pergamentpapier eingeschlagen im Kühlschrank fest werden lassen. Teig kann auch schon Tage vorher bereitet werden. Dann in 3 mm dicke Scheibchen schneiden, auf Alufolie nicht zu dunkel backen, da sie sonst bitter schmecken. Besonders hübsch sind die Plätzchen mit
Eigelb	bestrichen und einer halben
Haselnuß	belegt. Richtig aufbewahrt halten die Plätzchen lange frisch.

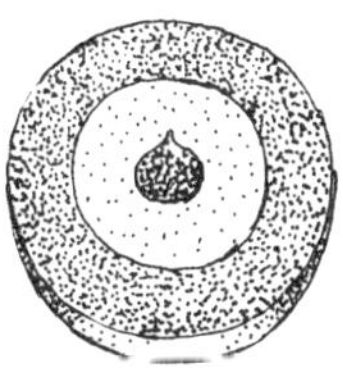

Einschieben	Elektro	Gas	Backzeit	Aufbewahren
Mitte	180°	2	10-12 Min.	Blechdose

Angelikaschifferl

275 g Weizenmehl	und
30 g Reismehl	auf ein Brett sieben.
* 100 g Mandeln	ungeschält gerieben,
140 g Butter	in Stückchen,
90 g Zucker	
1 EL Vanillezucker	
1 ganzes Ei	
1 EL Marillengeist	daraufgeben und alles zu einem geschmeidigen Teig verkneten. In Folie geschlagen im Kühlschrank 2 Stunden rasten lassen. Teig 3 mm dick auswalgen,mit Schifferlform ausstechen. Kalt stellen. Dann hellgelb backen, je 2 Schifferl mit durchpassierter
Marillenmarmelade (Aprikosenmarmelade)	füllen und mit Puderzuckerguß beziehen. Ränder mit
* Mandeln	ungeschält gerieben,bestreuen und obenauf eine kleine Raute aus
* Angelika	geschnitten daraufsetzen.
	Zum Guß:
300 g Puderzucker	gesiebt
1 Eiweiß	und
2 EL Marillengeist	glattrühren. (10 Min.) (Foto S.93)

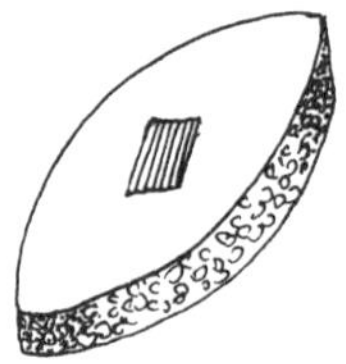

Einschieben	Elektro	Gas	Backzeit	Aufbewahren
Mitte	190°	2-3	10 Min.	Blechdose

Anstelle von Reismehl können Sie Trockenreisschleim, Kartoffel-oder Maismehl verwenden.--

Foto:

Haselnußberg, Spitzbuebli (Pfauenaugen), Aprikosenschnitten, Roedl-Gebäck, Hagebuttenbrötle, Liebesbrieferl, Vanillemond, gefüllte Dattel, Schachbrettplätzchen, Arrakbrezel, Linzer Kolatscherl, Quittenpaste, Olgaring, Walnußkrapferl, Hausfreundchen, buntes Vögerl, Angelikaschifferl, Tante Hertas Haselnüsse, Haselnußmakrone, Heinerle

Ischler Plätzchen

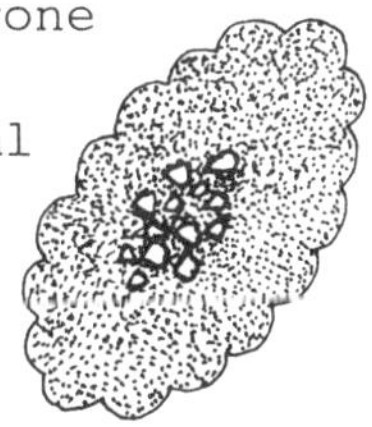

350 g Butter	zimmerwarm mit
180 g Zucker	glattrühren,
* 280 g Mandeln	ungeschält gerieben zufügen. Mit
1 TL Zimt	
1 Prise Salz	der abgeriebenen Schale einer
Naturzitrone	und
1 EL Rum	abschmecken. Mit
350 g Mehl	gesiebt schnell zu einem Teig verkneten und kühlstellen. Portionsweise 3 mm dick ausrollen. Ovale gezackte Plätzchen ausstechen,nochmals kalt stellen und hell backen.
60 g Himbeermarmelade	mit
1 EL Kirschwasser	erwärmen. Die Hälfte der ausgekühlten Plätzchen auf der Unterseite damit bestreichen,zweites Plätzchen mit Unterseite darauflegen,mit im Wasserbad erweichter
Kuvertüre	glasieren und mit gehackten
* Pistazien	bestreuen. Vor dem Aufbewahren gut trocknen lassen. (Foto S.73)

Einschieben	Elektro	Gas	Backzeit	Aufbewahren
Mitte	180°	2	7-10 Min.	Blechdose

Haselnusskrapferl

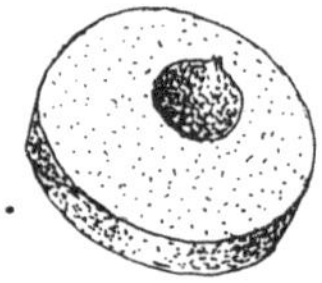

150 g Mehl	und
140 g Puderzucker	auf Arbeitsbrett sieben.
140 g Butter	in Stückchen,
* 140 g Haselnüsse	leicht geröstet gehackt oder grob gemahlen daraufgeben,den Saft von
1/2 Zitrone	
* 1 EL Zitronat	feinstgehackt und
1/2 TL Zimt	zufügen. Alles zu einem Knetteig verarbeiten. Rolle von 3 cm formen,kühl stellen, 4 mm dicke Scheibchen abschneiden,mit verquirltem
Ei	bestreichen. Auf jedes Plätzchen
1 Haselnuß	stecken. Vor dem Backen nochmals kühl stellen.

Einschieben	Elektro	Gas	Backzeit	Aufbewahren
Mitte	200°	2	12-15 Min.	Blechdose

Wiener Gebäck

200 g Mehl	auf ein Brett sieben,
* 100 g Mandeln	abgezogen und gemahlen,
100 g Zucker	und
2 EL Vanillezucker	daraufgeben.
200 g Butter	in kleine Stückchen schneiden,rasch daruntерkneten. 2 cm hohe,ca. 5 cm breite Stollen formen,in Butterbrotpapier packen,im Kühlschrank ruhen lassen. Von den Stollen etwa 1 cm breite Streifen abschneiden,an den Enden dünner rollen und Hörnchen formen. Auf Alufolie hellgelb backen. Zum Auskühlen das mürbe Gebäck mit Folie vom Blech ziehen,damit es nicht nachdunkelt. Erst abgekühlt abnehmen.
2 EL Vanillezucker	mit
2 EL Vanillepuderz.	vermischen und dick auf das warme Gebäck streuen. Kann eingefroren werden.

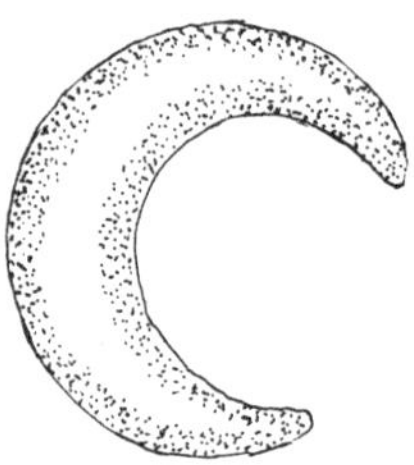

Einschieben	Elektro	Gas	Backzeit	Aufbewahren
Mitte	170°	1-2	15 Min.	Blechdose

Schokoladenbrot

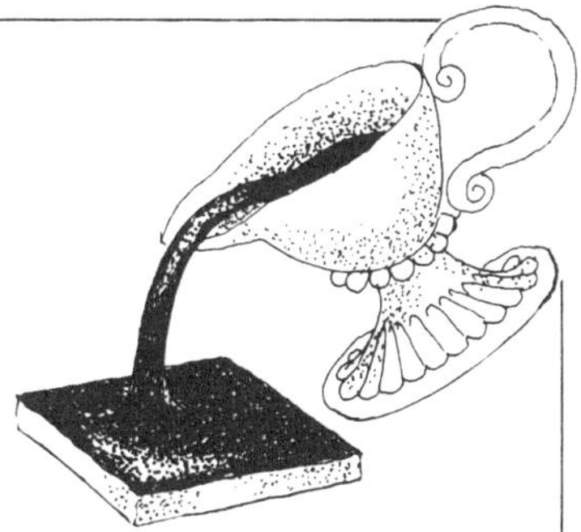

150 g Butter	zimmerwarm
2 ganze Eier	
200 g Zucker	und
1 EL Vanillezucker	schaumig rühren,
200 g Mehl	gesiebt zufügen,
* 200 g Nüsse oder Mandeln	ungeschält gemahlen,
* 125 g Markenschokolade	gerieben
2 EL Arrak	untermischen. Masse auf ein gut bebuttertes Backblech oder in feuerfeste Form 2 cm hoch streichen. Nach dem Backen (Masse darf innen noch etwas weich sein) noch warm in 2 cm breite und 5 cm lange Streifen schneiden. Ausgekühlt mit erweichter
Schokolade	beziehen. Nach Belieben je 1 halbierte
* Mandel oder Haselnuß	daraufsetzen.

Einschieben	Elektro	Gas	Backzeit	Aufbewahren
Mitte	190°	2	ca. 20 Min.	Blechdose

Bärentatzen

360 g Mehl	auf ein Holzbrett sieben,
210 g Zucker	
* 60 g Schokolade	gerieben
* 160 g Mandeln	ungeschält gerieben dazugeben,
250 g Butter	in Flöckchen darauf verteilen. Mit der nicht zu fein geriebenen Schale einer
1/2 Naturzitrone	
1 TL Zimt	
1/4 TL Nelken	und dem Mark von
1/2 Vanilleschote	fein würzen. Teig rasch verkneten. Kleine Portionen dünn in gefettete Bärentatzenformen drücken. Erst kühl stellen, dann im vorgeheizten Rohr in den Formen backen. Vor Gebrauch mit
Vanille-Puderzucker	besieben.

Einschieben	Elektro	Gas	Backzeit	Aufbewahren
Mitte	200°	2-3	15 Min.	in Gläsern

Spritzgebäck

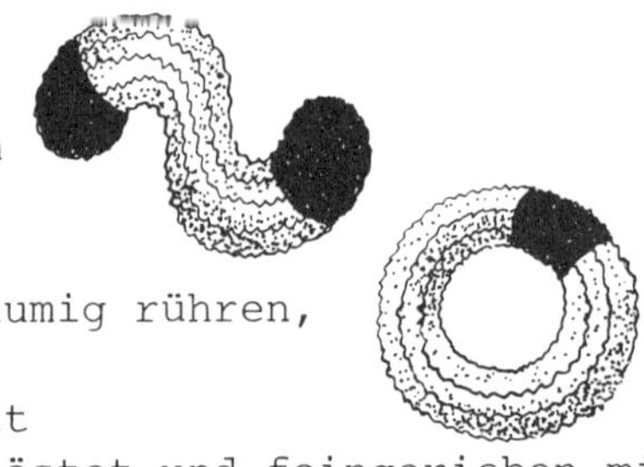

300 g Butter	zimmerwarm
250 g Zucker	
2 Dotter	und
1 ganzes Ei	recht schaumig rühren,
1 EL Vanillezucker	und
1 Prise Salz	zugeben,mit
* 125 g Haselnüssen	leicht geröstet und feingerieben mit
500 g Mehl	zu einem mürben Teig verarbeiten. Kühl stellen,durch Fleischmaschine mit Spritzansatz geben. Ringe und "S" formen oder Stangerl auf bebuttertem Blech oder Folie nochmals kalt stellen (sehr wichtig!). Nach dem Backen nach Belieben Enden in erweichte
Kuvertüre	tauchen.

Einschieben	Elektro	Gas	Backzeit	Aufbewahren
Mitte	190°	2	10-15 Min.	Blechdose

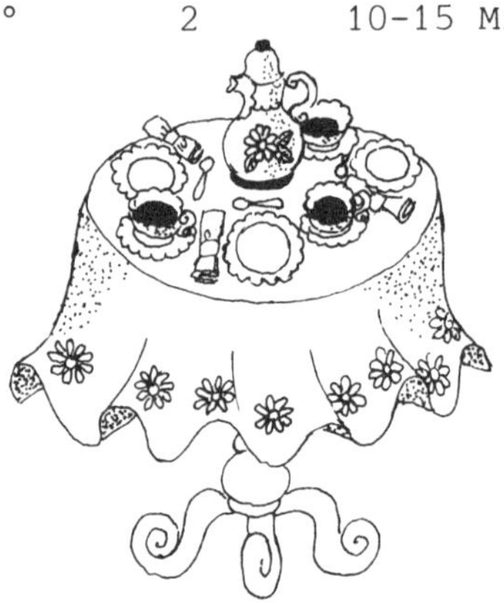

Honig- und Lebkuchenteig

Farinplätzchen

3 EL Honig	erwärmen,mit
480 g Farinzucker	vermengen.
4 ganze Eier	zu dieser Mischung geben und damit schaumig rühren.
* 60 g Zitronat	und
* 60 g Orangeat	feingeschnitten,
* 80 g Walnüsse	gehackt und
* 60 g Mandeln	gemahlen,zufügen. Mit
1 EL Zimt	
1/2 TL Nelken	
1/2 TL Macisblüte	fein würzen.
500 g Mehl	mit
1 TL Natron	gesiebt in die Schaummasse rühren. Teig ruhen lassen bis er sich mit nassen Händen zu kleinen Kugeln von 2 cm ø formen läßt, diese nicht zu eng am besten auf Backfolie setzen.
2 EL Honig	mit
1 EL Wasser	vermischen, die Plätzchen damit bestreichen.

Einschieben	Elektro	Gas	Backzeit	Aufbewahren
Mitte	170-180°	1-2	15 Min.	Blechdose

Pfefferkuchen

500 g Honig	erwärmen,
180 g Zucker	darin auflösen und etwas abgekühlt
150 g Butter	
2 EL Schmalz	hineinrühren.
1 ganzes Ei	
1 Eidotter	
1 EL Zimt	
1 TL Kardamom	
1 TL Nelken	
1/2 TL Piment	
1 EL Kakao	zufügen.
1-2 TL Pottasche	in
1 Gläschen Kirschwasser	auflösen und untermischen.
500 g Roggenmehl	und
500 g Weizenmehl	auf ein Brett sieben.

Zur Spritzglasur:
250 g Puderzucker
1 Eiweiß
1 EL Zitronensaft ganz dick schaumig schlagen, evt. Lebensmittelfarbe.

Honigmasse damit fest verarbeiten bis der Teig ganz glatt ist. In einer zugedeckten Schüssel ca. 10 Tage (darf auch länger sein) in warmem Raum belassen. Dann den Teig nochmals kneten. Portionsweise 1 cm dick ausrollen,Figuren ausstechen,auf bebuttertem Blech backen. Nach dem Erkalten mit Eiweißspritzglasur lustig verzieren. Teig kann auch zu rechteckigen Lebkuchen verarbeitet werden,die man mit

Mandeln oder Haselnüssen — verziert. Erst offen lagern.

Einschieben	Elektro	Gas	Backzeit	Aufbewahren
Mitte	175°	2	20 Min.	Blechdose

Lebkuchenherzen

350 g Kunsthonig	und
250 g Zucker	langsam erhitzen und abkühlen lassen,
3 ganze Eier	
80 g Kakao	und
* 200 g Haselnüsse	leicht geröstet und gemahlen hineingeben, mit
2 EL Vanillezucker	
1 EL Zimt	
1 TL Nelken	
1 Msp. Macisblüte	und
1 Msp. Kardamom	würzen,
1 TL Hirschhornsalz	in wenig kaltem Wasser aufgelöst, zufügen.
750 g Mehl	auf die Arbeitsfläche sieben, eine Vertiefung machen, die Honigmasse hineingleiten

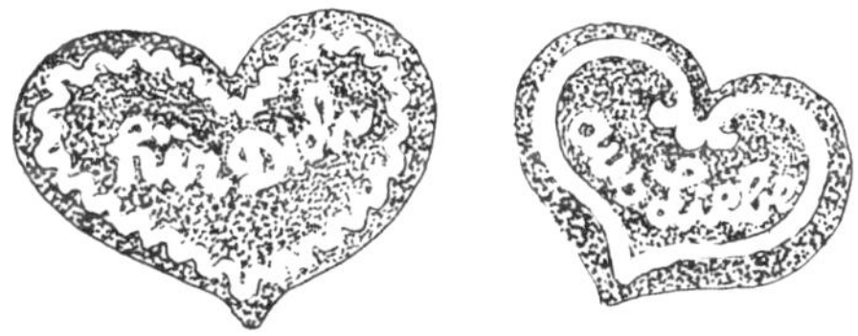

lassen und gut durchkneten. Teig ca. 5 mm stark ausrollen, mit nicht zu kleinen Herzformen ausstechen, auf gut bebuttertes und mit Mehl bestäubtes Blech oder Alufolie legen, über Nacht trocknen lassen. Erkaltet mit Schokoguß bestreichen, mit weißer oder rosa Eiweißspritzglasur lustig verzieren.

Zum Schokoguß:

2 Töpfchen Schokoladenfettglasur verwenden.

Zur Eiweißspritzglasur:

1 kleines Eiweiß	sehr steif schlagen,
150 g Puderzucker	sieben, mit dem Schnee sehr dick rühren, ggf. noch etwas Puderzucker zufügen.

Diese Spritzglasur kann mit roter Lebensmittelfarbe, dem Saft einer roten Rübe oder mit etwas Safran gelb gefärbt werden. Kleine Pergamenttütchen drehen, Guß einfüllen, Spitze abschneiden und spritzen. (Foto S.103)

Einschieben	Elektro	Gas	Backzeit	Aufbewahren
Mitte	180°	2	15-20 Min.	Karton

Honiglebkuchen

250 g Honig oder	
250 g Kunsthonig	langsam erwärmen und abkühlen lassen.
5 ganze Eier	und
500 g Zucker	sehr schaumig schlagen,
3 EL Zimt	
1 TL Nelken	
1 TL Macisblüte	
1 TL Kardamom	die abgeriebene Schale von
2 Naturzitronen	und einer ganzen
Naturorange	zufügen.
1 TL Pottasche	in
1 EL Rosenwasser	aufgelöst beigeben.
850 g Mehl	sieben und mit der Schaummasse zusammen vermengen bis der Teig glatt ist. Spielkartengroße verschiedene Formen ausstechen,mit
Mandeln	garnieren,auf
Oblaten	legen. Leicht mit Tuch abdecken und erst am nächsten Tag backen. Noch warm werden die Lebkuchen entweder glasiert oder mit Eiweißspritzglasur weiß oder farbig verziert. Zur Glasur:
200 g Zucker	und
1/8 l Wasser	bis zum Fadenspinnen kochen.
	Zur Eiweißspritzglasur:
1 Eiweiß	sehr steif schlagen,
200 g Puderzucker	gesiebt,
1 TL Zitronensaft	solange schlagen bis die Masse dick und weißschaumig ist (10-15 Min.). Nach Belieben mit Lebensmittelfarbe tönen. (Foto nebenan)

Einschieben	Elektro	Gas	Backzeit	Aufbewahren
Mitte	200°	2	20 Min.	Karton

für
Mimi
Susi

Foto:
Honiglebkuchen   Pflastersteine   Aachener Printen

Lebkuchenherzen

Augsburger Weihnachtsgebäck

250 g Zucker	und
2 ganze Eier	schaumig rühren,
2 EL Honig	zufügen,
* 30 g Zitronat	kleingehackt und
* 30 g Orangeat	ebenso unterrühren, mit
2 EL Zimt	
1 TL Nelken	würzen,
* 125 g Mandeln	geschält, gehackt und
300 g Mehl	gesiebt untermischen.
1/2 TL Hirschhornsalz	in
1 EL Wasser	aufgelöst gleichmäßig daruntergeben. Teig über Nacht stehen lassen. Dann auf bebuttertem Blech ausrollen, backen, heiß in fingerlange Streifen schneiden und glasieren. Zum Guß:
125 g Puderzucker	gesiebt mit
1 Eischnee	rühren, das bestrichene Gebäck langsam im ausgeschalteten Herd trocknen.

Einschieben	Elektro	Gas	Backzeit	Aufbewahren
Mitte	180°	2	12 Min.	Blechdose

Haselnusslebkuchen

3 ganze Eier	mit
200 g Zucker	und
2 EL Vanillezucker	auf Dampf schaumig schlagen, mit
2 TL Rum	
1 TL Zimt	
1 Msp. Nelken	
1 Msp. Sternanis	gemahlen, fein würzen.
* 80 g Zitronat	sehr klein gewiegt,
* 300 g Haselnüsse	ungeschält gerieben, portionsweise untermischen. Nur wenn der Teig läuft, ein wenig
Mehl	beigeben. Masse 1,5 cm dick auf rechteckige
Oblaten	streichen, einmal längs, einmal quer teilen, an den Rändern abflachen, mit
ganzen Haselnüssen	und
Zitronatstreifchen	verzieren und langsam backen. Bei Gasherd Backofentüre ggf. einen Spalt öffnen.

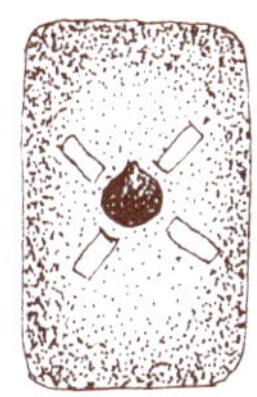

Einschieben	Elektro	Gas	Backzeit	Aufbewahren
Mitte	160°	1	20 Min.	Blechdose

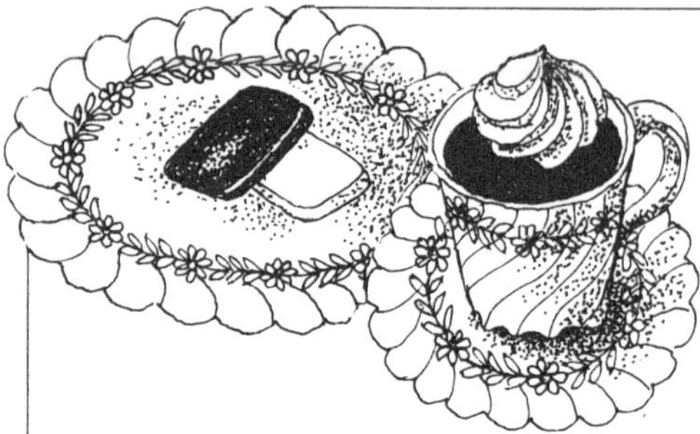

Prinzenschnitten

150 g Butter	zerlassen,lauwarm mit
300 g Zucker	und
3 großen Eiern	schaumig rühren. Dann zugeben:
3 EL Kakao	
2 TL Zimt	
1 Msp. Nelken	
* 100 g Zitronat	und
* 100 g Orangeat	beides feingehackt,
* 200 g Haselnußkerne	leicht geröstet und gerieben,
* 100 g kleine Weinbeeren	gewaschen und getrocknet und
1/4 l Milch	unterrühren,
500 g Mehl	mit
1 Backpulver	gemischt und gesiebt unter die Masse geben,ca. 3/4 cm dick auf rechteckige
Oblaten	streichen. Diese der Länge nach teilen,3 cm Streifen der Breite nach durchschneiden. Nach dem Backen den ersten Teil der Schnitten auskühlen lassen,dann mit erweichter
Edelbitterkuvertüre	beziehen. Den anderen Teil gleich heiß mit Zuckerguß beziehen.
	Zum Guß:
230 g Zucker	mit
1/8 l Wasser	verrühren,langsam erhitzen und kochen bis das Zuckerwasser zwischen zwei Fingern einen Faden spinnt.

Einschieben	Elektro	Gas	Backzeit	Aufbewahren
Mitte	180°	2	15-20 Min.	Blechdose

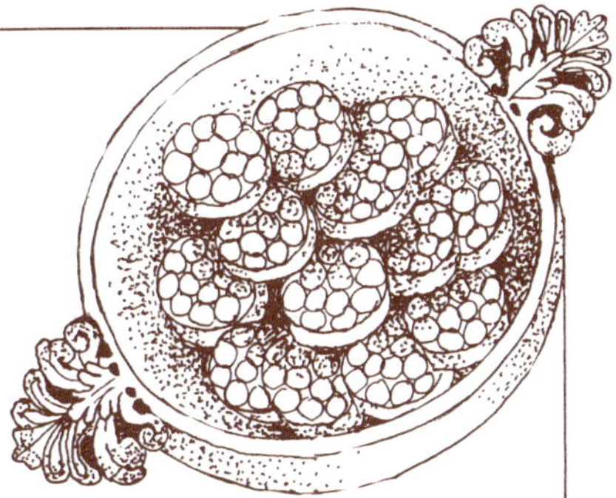

Pilastersteine (Foto S.103)

250 g Honig	erwärmen
80 g Zucker	
2 EL Vanillezucker	
1 Prise Salz	
80 g Schmalz	zugeben, darin auflösen und würzen mit:
2 EL Zimt	
1 Msp. Piment	und der geriebenen Schale von
2 Naturzitronen	
1 Ei	und
* 125 g Nüsse	gerieben und
* 60 g Orangeat	klein gewiegt zufügen.
500 g Mehl	und
1 TL Natron	auf ein Brett sieben, mit der Honigmasse zu Teig verarbeiten. Kleinfingerdicke Rollen formen, Stücke abschneiden, haselnußgroße Kugeln formen, dicht in Blechringe oder Aluförmchen von ca. 7 cm ⌀ legen und backen. Noch heiß mit Eiweißguß bestreichen.
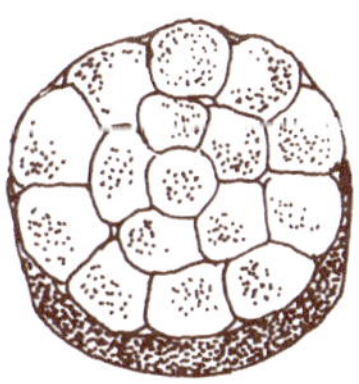	Zum Guß:
2 Eiweiß	mit
2 TL Zitronensaft	steifschlagen,
1 EL Rum	zufügen,
200 g Puderzucker	nach und nach gesiebt unterrühren bis Guß nicht zu dick und glänzend ist. Eventuell noch ein wenig
Wasser	zufügen. Pflastersteine sollen noch durchscheinen. Gut getrocknet erst offen lagern.

Einschieben	Elektro	Gas	Backzeit	Aufbewahren
Mitte	180°	1-2	15-20 Min.	Blechdose

Nürnberger Busserl

3 ganze Eier (180 g)	mit
400 g Farinzucker	und
125 g Honig	ca. 1/4 Stunde rühren (mit Hand länger),
* 80 g Zitronat	
* 80 g Orangeat	
* 80 g Nüsse	grob gewiegt,mit
2 EL Zimt	
1 TL Kardamom	
1 TL Nelken	würzen.
10 g Hirschhornsalz	in
2 EL Wasser	auflösen und zufügen,mit
530 g Mehl	das Ganze zu einem Teig vermengen. Über Nacht stehen lassen. Auf ein gut bebuttertes und leicht bemehltes Blech kirschgroße Kugeln mit größerem Abstand setzen. Die Plätzchen laufen etwas auseinander. Nach dem Backen
3 EL Honig	und
2 EL Wasser	vermischen. Busserl damit bestreichen. Erst offen lagern.(Foto S.113)

Einschieben	Elektro	Gas	Backzeit	Aufbewahren
Mitte	170°	1-2	15 Min.	Blechdose

Schokoladen-Honigkuchen

200 g Honig	erwärmen,
160 g Zucker	sowie
120 g Schokolade	zerbröckelt darin auflösen.
50 g Orangeat	kleingeschnitten,
* 100 g Haselnüsse	leicht geröstet,gerieben,
* 100 g Haselnüsse	leicht geröstet,halbiert,
1 EL Zimt	
1/2 TL Ingwer	
1/2 TL Nelken	
1 TL Kardamom	in die Masse geben. Wenn abgekühlt
2 ganze Eier	
2 EL Rum	hineinrühren.
350 g Mehl	und
1 El Natron	gesiebt zufügen und fest unterarbeiten. Teig 1,5 cm dick auf
rechteckige Oblaten	streichen,diese in vier Rechtecke schneiden und gleich backen. Noch warm mit im Wasserbad zerlassener
Kuvertüre	beziehen.

Einschieben	Elektro	Gas	Backzeit	Aufbewahren
Mitte	180°	1-2	30-40 Min.	Blechdose

Schnelle Printen

500 g Kunsthonig	langsam erwärmen und abkühlen.
500 g Mehl	und
1 Backpulver	auf ein Brett sieben,eine Grube eindrücken,
125 g Butter	in Stückchen auf den Rand verteilen,
200 g Zucker	darübergeben. In die Grube
2 ganze Eier	schlagen. Den zerlassenen Honig und die abgeriebene Schale einer
Naturzitrone	zufügen.
2 EL Rum	mit
* 3 EL Orangeat	feinstgehackt und
* 50 g Walnüssen	gemahlen dazugeben. Mit
1 EL Zimt	
1/2 TL Nelken	
1 Msp. Kardamom	und
1 Msp. Macis	würzen und alles zu einem festen Teig verkneten,2 mm dick ausrollen und mit dem Teigrädchen 8 x 2 cm lange Stangen ausradeln. Nach dem Backen mit Arrakglasur beziehen.
	Zur Glasur:
200 g Puderzucker	fein sieben,
1 EL heißes Wasser	
1/2 TL Essig	
ca. 2 EL Arrak	zufügen,fest schlagen.

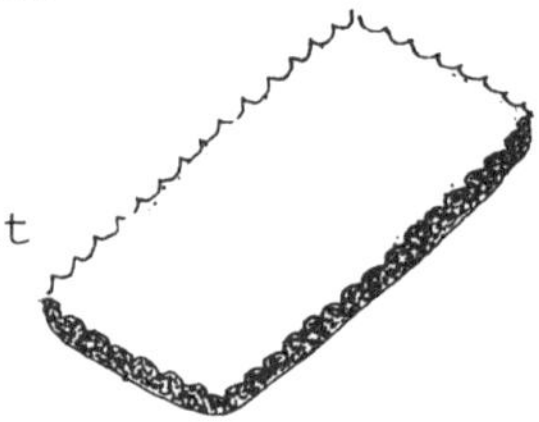

Einschieben	Elektro	Gas	Backzeit	Aufbewahren
Mitte	180-190°	2	10-15 Min.	Blechdose

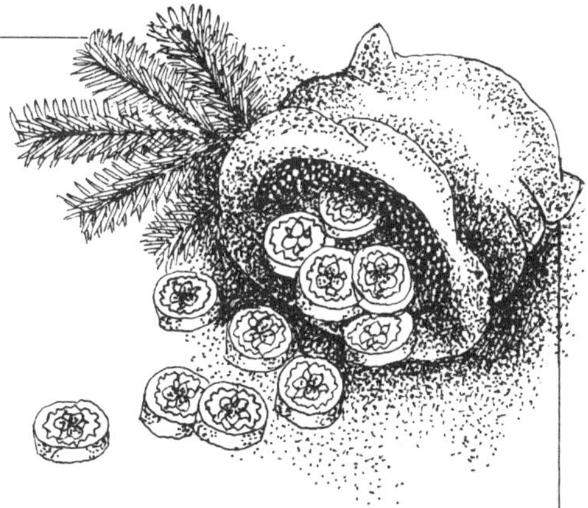

Pfeffernüsse

6 Eidotter	und
580 g Zucker	sehr schaumig rühren,Masse muß hell sein,
5 Eiweiß	sehr steif schlagen,darunterheben und alles nochmals rühren.
* 100 g Mandeln	geschält gerieben,
3 TL Zimt	
1 TL Nelken	
1 EL Kardamom	
1 Msp. weißen Pfeffer	
* 80 g Zitronat	
* 40 g Orangeat	beides fein gehackt,zugeben.
640 g Mehl	gesiebt nach und nach einrühren,die letzte Hälfte auf ein Brett geben und die Masse damit verkneten. Mindestens 1 Stunde ruhen lassen. 1,5 cm dick ausrollen. In Holzmodel drücken oder rund ausstechen. Auf bewachstem Blech über Nacht im nicht zu warmen Raum trocknen lassen. Probeplätzchen backen. Wenn die Pfeffernüsse kein Füßchen bekommen,sind sie zu trocken und müssen auf der Unterseite angefeuchtet werden. Schmecken am besten nach 14 Tagen. Können mehrere Wochen aufbewahrt werden. Erst offen lagern.

Einschieben	Elektro	Gas	Backzeit	Aufbewahren
Mitte	140°	1	ca. 20 Min.	Blechdose

Elisenlebkuchen

250 g Zucker	und
3 ganze Eier	in einer Schüssel auf Dampf recht schaumig schlagen,Masse soll aber nur lauwarm werden.
1 TL Zimt	
1/2 TL Nelken	und die abgeriebene Schale einer
Naturzitrone	sowie
* 70 g Zitronat	und
* 70 g Orangeat	feingehackt zufügen.
* 200 g Haselnüsse	
* oder Mandeln	ungeschält gerieben und
* 50 g Mandeln	geschält und grobgehackt gleichmäßig unter die lockere Schaummasse heben. N u r wenn der Teig läuft (falls die Eier sehr groß waren), ein wenig
Mehl	unterheben. Teig gleich auf ungespaltene runde
Oblaten 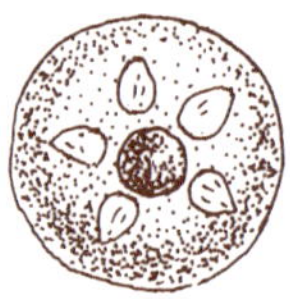	streichen,in der Mitte 1,5 cm hoch zum Rand hin flach werdend. Elisenlebkuchen werden entweder mit Zuckerglasur bestrichen - in diesem Fall Lebkuchen v o r dem Backen mit ausgeschnittenem
* Zitronat	und geschälten,halbierten
* Mandeln 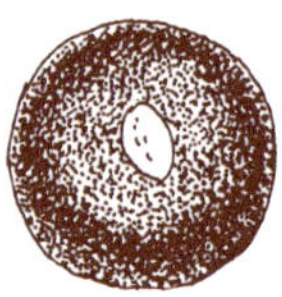	liebevoll garnieren,denn man sieht dies durch den durchscheinenden Guß - oder aber man bezieht sie n a c h dem Backen mit Schokoladenguß,dann die Garnierung auf den noch feuchten Guß setzen. Entweder
* Mandeln	geschält und halbiert oder recht bunten
Streuzucker 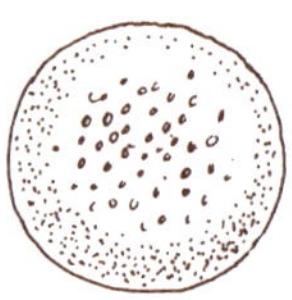	daraufgeben. Elisenlebkuchen langsam backen, bei Gas ggf. Backofentüre etwas offen lassen. Sie müssen sich nach dem Backen auf der Oblatenseite noch eindrücken lassen,sonst werden sie trocken und hart. Glasuren nächste Seite. (Foto nebenan)

Rezept von
Else Schmid
Furth i/Wald

Einschieben	Elektro	Gas	Backzeit	Aufbewahren
oberes Drittel	140-150°	1	20 Min.	Gefrierbeutel

Glasuren für Elisenlebkuchen

	Zuckerguß weiß:
200 g Puderzucker	sieben,
1-2 EL heißes Wasser	und
2 EL Arrak	unter Rühren zufügen. Weiterrühren bis Guß glänzt.
	Zuckerguß rosa:
	wie oben,jedoch noch mit etwas roter Lebensmittelfarbe oder einigen Tropfen
Rote Betesaft	färben.
	Schokoguß:
200 g Bitterschokolade	in
3 EL heißes Wasser	zerbröckeln,im Wasserbad bei mäßiger Wärmeeinstellung schmelzen,
30 g Kokosfett	zufügen,glattrühren. Gebäck sofort damit bestreichen.

Bild umseitig:

Elisenlebkuchen,Weiße Lebkuchen
Nürnberger Busserl
Falsches Butterbrot

Schokoladen-Lebkuchen

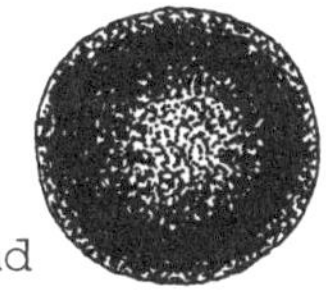

4 Eiweiß	steifschlagen,mit
320 g Zucker	dick rühren,
* 120 g Mandeln	ungeschält gerieben und
* 60 g Edelbitter-schokolade	gerieben unterheben,1,5 cm dick auf
runde Oblaten	streichen und langsam backen. Erkaltet mit Schokoladenguß glasieren:
* 200 g Edelbitter-schokolade	in feuerfestes Pfännchen zerbröckeln,im Wasserbad langsam unter Rühren erwärmen,
nußgroß Kokosfett	zufügen,aus dem Wasserbad nehmen,gut durchrühren und gleich glasieren,mit abgezogenen
* Mandeln	garnieren. Zugfrei trocknen lassen.

Einschieben	Elektro	Gas	Backzeit	Aufbewahren
Mitte	160°	1	12-15 Min.	Blechdose

Weisse Lebkuchen

aus dem Kochbuch v. G. Sonnleitner

6 ganze Eier	und
500 g Zucker	sehr schaumig schlagen,
* 100 g Mandeln	ungeschält gemahlen,
* 10 g Mandeln	abgezogen und grobgehackt,
* 100 g Zitronat	feingehackt zugeben,mit
1/2 EL Zimt	
1/2 TL Nelken	
1 Prise Kardamom	fein würzen.
500 g Mehl	sieben,langsam mit der Schaummasse vermengen, Teig auf rechteckige,ungespaltene
Oblaten	5 mm dick streichen,einmal längs und einmal quer halbieren,Ränder abflachen,in die Mitte ein rechteckiges Stückchen
Zitronat	drücken. Über Nacht trocknen lassen und ganz hell backen. Erst offen lagern.

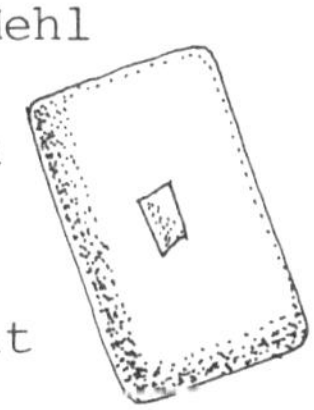

Einschieben	Elektro	Gas	Backzeit	Aufbewahren
Mitte	160°	1	15 Min.	Folienbeutel

Braune Kuchen

250 g hellen Rübensirup	
250 g dunklen Sirup	
250 g Zucker	und
250 g Schweineschmalz	zusammen aufkochen und etwas abkühlen lassen.
1000 g Mehl	
2 EL Zimt	
2 TL Nelken	
1 EL Kardamom	auf ein Backbrett sieben,
25 g Pottasche	in
2 EL Rosenwasser	aufgelöst zufügen,ebenso
* 125 g Mandeln	ungeschält gerieben,
* 125 g Orangeat	ganz feingehackt oder gerieben mit untermischen. Gut durchkneten. Teig acht

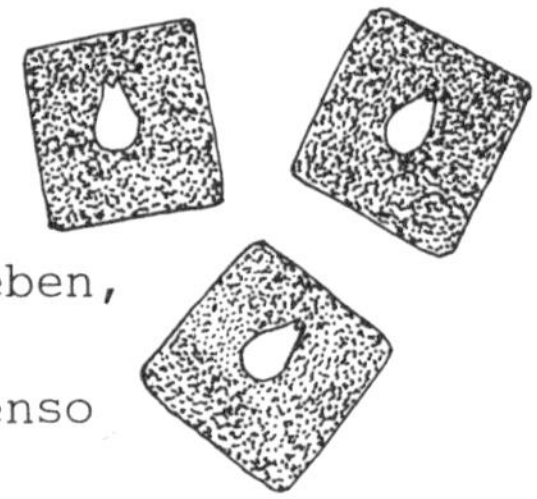

Tage bis vier Wochen stehen lassen. Man kann also immer soviel backen,wie man gerade will. Teig sehr dünn auswellen,Vierecke schneiden oder mit Förmchen ausstechen. Nach Belieben Mitte mit etwas Eiweiß bestreichen und je eine abgezogene,halbierte Mandel darauflegen. Auf gut gefettetem Blech backen. Gleich mit dünnem Messer lösen,sonst bricht das Gebäck.

Einschieben	Elektro	Gas	Backzeit	Aufbewahren
oberes Drittel	200°	2-3	8-10 Min.	Blechdose

Kunsthonigschnitten

500 g Kunsthonig	bei gelinder Hitze zerlaufen lassen,etwas abkühlen.
100 g Butter	oder
100 g Margarine	
1 ganzes Ei	die feingeriebene Schale einer
Naturzitrone	
4 EL Zucker	
1 EL Zimt	
1 TL Nelken	
1 Msp. Kardamom	
1 Msp. Macisblüte	
* 50 g Zitronat	und
* 50 g Orangeat	feinstgehackt
* 50 g Haselnüsse	grobgehackt und
500 g Mehl	mit
1 EL Natron	gesiebt unter die Masse geben. Grillpfanne oder große feuerfeste Form fest ausbuttern, Teig einfüllen,glattstreichen,im vorgeheizten Rohr backen ohne zu öffnen. 5 Min. abkühlen lassen,mit Arrak- oder Zitronenglasur beziehen und noch warm in Streifen schneiden. Die Schnitten sind weich,können gleich gegessen werden. Auch für den Nikolausteller und Advent geeignet.
	Zum Guß:
200 g Puderzucker	sieben und
2 EL Arrak oder	
2 EL Zitronensaft	und
1 EL heißes Wasser	zufügen und fest verrühren bis Guß dick ist.

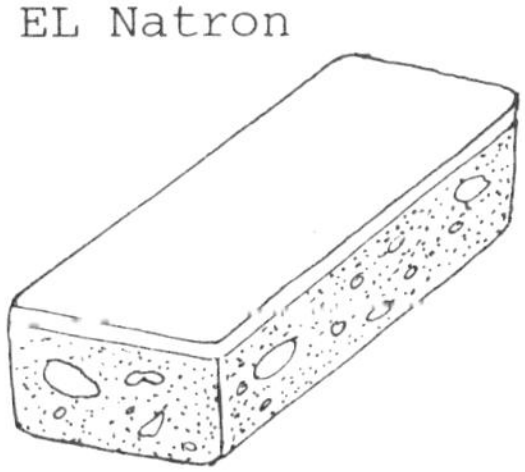

Einschieben	Elektro	Gas	Backzeit	Aufbewahren
Mitte	180°	1-2	30 Min.	Gefrierbeutel

Basler Leckerli

500 g Bienenhonig	zergehen lassen,
200 g Zucker	in dem heißen Honig auflösen.
20 g Zimt	
10 g Nelken	
1/2 Muskatnuß	feingerieben sowie die abgeriebene Schale einer
Naturzitrone	beigeben.
* 70 g Zitronat	und
* 70 g Orangeat	klein gehackt mit
* 230 g Mandeln	blättrig geschnitten unterrühren.
700 g Mehl	auf Arbeitsfläche sieben,
15 g Pottasche	in
3 EL Kirschwasser	auflösen,in die Honigmasse einrühren.

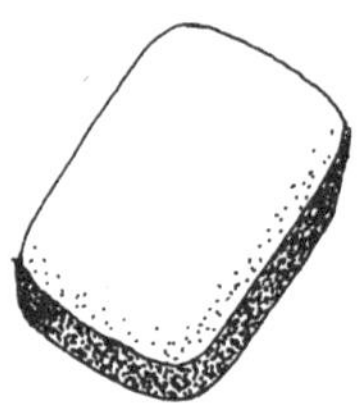

Gemisch mit dem Mehl gut verarbeiten. Mindestens einen Tag bei Zimmertemperatur zugedeckt ruhen lassen.
Dann 1 cm dick ausrollen,Teigplatte auf ein gebuttertes und mit Mehl bestäubtes Backblech legen. Nach dem Backen gleich warm mit Glasur beziehen und in kleine Rechtecke schneiden.

Zur Glasur:

300 g Puderzucker	gesiebt,
3 EL Kirschwasser	und
3 EL heißes Wasser	fest verrühren.

Einschieben	Elektro	Gas	Backzeit	Aufbewahren
Mitte	180°	1-2	15-20 Min.	Blechdose

Magenbrot

80 g Butter	zimmerwarm,
1 Ei	und
375 g Zucker	sehr schaumig rühren,
80 g Kakao	
1/2 TL Piment	
1 EL Zimt	
1 TL Kardamom	
1 TL Nelken	und
* 1 Tasse starken Kaffee	zufügen.
750 g Mehl	mit
1 1/2 Päck. Backpulver	sieben, portionsweise in die Schaummasse rühren. Auf dem Nudelbrett fest verkneten bis der Teig glänzt. Abgeflachte Rollen, 3 cm ø, formen, auf bebuttertem Blech nicht zu stark durchbacken. Noch heiß in schräge Scheibchen schneiden. Ausgekühlt in Kakaoglasur tauchen. Zur Glasur:
250 g Puderzucker	
90 g dunklen Kakao	zusammen sieben, mit
1/8 l Wasser	aufkochen bis zum Fadenspinnen,
1 EL Butter	unterrühren und gleich verwenden.

Hausrezept
von Mariele Loihl
Frontenhausen.

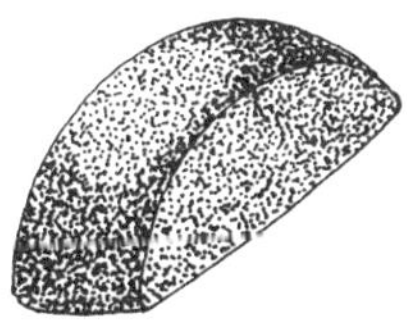

Einschieben	Elektro	Gas	Backzeit	Aufbewahren
Mitte	200°	2	20-30 Min.	Blechdose

Aachner Printen (Foto S.103)

	Von einem Töpfchen,das
450 g dunklen Rübensirup	enthält,werden 3 EL abgenommen und zugedeckt beiseite gestellt. Den restlichen Sirup mit
100 g Farinzucker	und
100 g braunen Kandiszucker	unter Rühren erhitzen bis der Zucker gelöst ist. Auf Handwärme abkühlen lassen. Jetzt

DIE GEWÜRZE: 2 EL Zimt,1 TL Nelken,2 TL Anis,je 1/2 TL Kardamom, Piment,Ingwer,Koriander,1 Prise Salz mit

600 g Mehl	auf die Arbeitsfläche sieben,die Sirupmasse hineinrühren.
1 EL Pottasche (15 g)	in
3 EL Rosenwasser oder	
3 EL Arrak	auflösen,zufügen und alles gut verkneten. Sollte der Teig zu fest sein,kann
Milch oder Wasser	untergearbeitet werden. Erst zum Schluß
* 80 g Orangeat	feingehackt und die feinnudelig geschnittene Schale einer
* Naturorange	untermengen. Den Teig in Folienbeutel geben,bei Zimmertemperatur mindestens fünf Tage ruhen lassen.Dann portionsweise 5 mm dick auswellen, in 3x7 cm Rechtecke schneiden. Über Nacht auf bewachstem Blech oder auf die rauhe Seite gespaltener
Oblaten	legen. Nicht zu stark durchbacken. Die zurückbehaltenen 3 EL Sirup mit
2 EL Wasser	glattrühren,die noch heißen Printen damit bestreichen,so erhalten sie einen schönen Glanz. Erst offen, dann geschlossen aufbewahren.

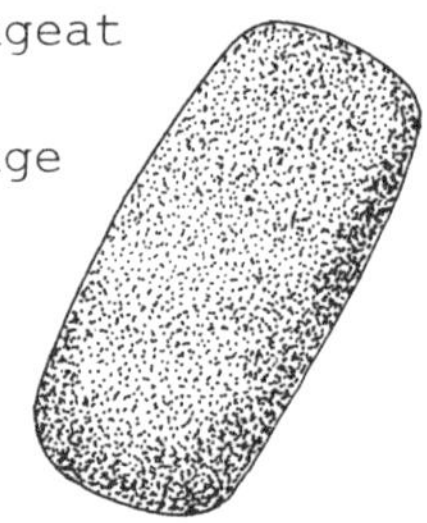

Einschieben	Elektro	Gas	Backzeit	Aufbewahren
Mitte	180°	1-2	18 Min.	Blechdose

Eier- und Biskuitteig

Badener Chräbeli

3 ganze Eier	mit
300 g Puderzucker	
1 Msp. Salz	sehr schaumig schlagen,
1 TL Kirsch	
1 TL Anis	gewiegt zufügen. Die Schaummasse mit
300 g Mehl	gesiebt,vermengen. Der Teig muß so beschaffen sein,daß man ihn gut kneten kann. Bei größeren Eiern etwas mehr Mehl zufügen. Mindestens eine Stunde ruhen lassen. Fingerdicke Rollen formen, 5 cm lang abschneiden,zu Hörnchen biegen und die Außenseite dreimal schräg einkerben. Auf gefettetes Blech legen,die Oberfläche 1-2 Tage abtrocknen lassen. Die Unterseite wird,wenn sie zu trocken sein sollte vor dem Backen mit etwas Wasser befeuchtet. Die Chräbeli sollen "Füßchen" bekommen,die Oberfläche soll hell bleiben. Bei Gas ggf. Backofentüre etwas öffnen. Erst offen aufbewahren. Wegen des guten Aromas kann man Anis auf den Boden der Blechdose streuen.

Einschieben	Elektro	Gas	Backzeit	Aufbewahren
unten	160°	1	20 Min.	Blechdose

Milchspringerle

Wichtigste Zutaten: viel Liebe und Geduld.
Tip: nicht bei hoher Luftfeuchtigkeit herstellen.

875 g Mehl	und
625 g Puderzucker	in eine Schüssel sieben und leicht wärmen.
6 g Hirschhornsalz	in
1/4 l lauwarmer Milch	auflösen,mit dem Mehl-Zuckergemisch erst verrühren,dann auf einem Brett glattkneten. Je nach Mehlsorte kann unter Umständen der Teig zu fest sein,dann ein wenig Milch oder ein bißchen Öl beigeben oder falls der Teig zu feucht ist,etwas gesiebtes Mehl mit unterkneten. In feuchtem Tuch eingeschlagen mindestens 1 Stunde ruhen lassen. Immer nur portionsweise gleichmäßig 1 cm dick ausrollen. Mit gesiebtem
Stärkemehl	bepudern,glatt einreiben,Holzmodel daraufdrücken,eventuell wenden und den Teig mit den Fingerspitzen eindrücken. Mehl nicht in die Model streuen,es würde die feinen Konturen verstopfen. Der Teig muß so beschaffen sein,daß er nicht mehr klebt. Nach Belieben Löcher zum Aufhängen einstechen. Auf bebuttertem oder bewachstem Backblech etliche Stunden trocknen lassen. Trockenzeit ist kürzer als bei Nürnberger Springerle. Beim Backen soll die Oberfläche weiß bleiben,deshalb schiebt man zweckmäßig ein leeres Blech in die oberste Rille ein. Probeplätzchen backen. Falls es keine "Füßchen" bekommt,kann es zu stark ausgetrocknet sein,dann Unterseite mit etwas Wasser befeuchten. Bei Gas ggf. Backofentüre etwas offen lassen. Nach dem Erkalten werden die Springerle mit Wasser- oder Temperafarben bunt bemalt. Nur wenn diese "Kunstwerke" gegessen werden,müssen Lebensmittelfarben verwendet werden. Falls man keine Löcher eingestochen hat,bringt man jetzt auf der Rückseite einen Klebebildaufhänger an. Bruchsicher aufbewahren. (Foto →)

Einschieben	Elektro	Gas	Backzeit	Aufbewahren
2.Rille v. u.	140°	1	30 Min.	Blechdose

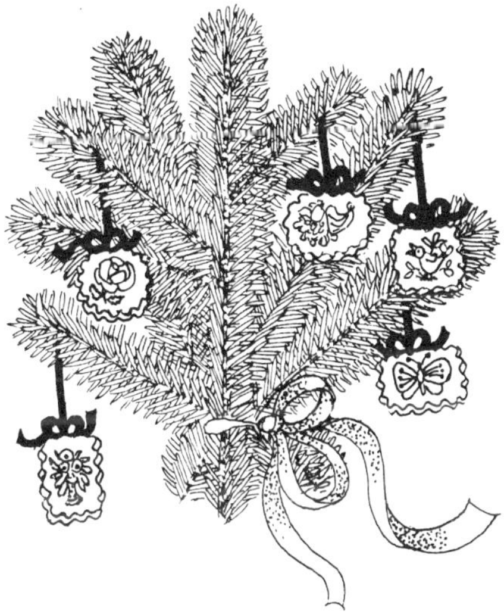

Fröhliche
Weihnachten

Foto:

Springerle

Nürnberger Marzipan (Springerle)

Tante Fanny's feines "Marzipan"
Ein altes Familienrezept von Carola Zwack

Rechtzeitig backen, zwei Wochen Lagerzeit!

500 g Zucker	mit
4 Eidottern	gut vermengen,
4 Eiweiß	zu sehr festem Schnee schlagen, die feingewiegte Schale einer
Naturzitrone	zufügen und mit der Eigelbmasse 3/4 Std. nach einer Seite rühren. (Man kann ein Rührgerät benützen, Teig wird aber handgerührt fester.)
500 g Mehl	leicht angewärmt und gesiebt unterarbeiten. Mit
2 Msp. Pottasche	in wenig
Kirschwasser	aufgelöst alle Zutaten gut verkneten. Den Teig zugedeckt 1 Stunde ruhen lassen. Nur portionsweise in Größe der jeweiligen Model gleichmäßig 1 cm dick ausrollen. Bei öfterem Zusammenkneten des Teiges werden die Springerle hart. Mit gesiebtem
Stärkemehl	bepudern, mit dem Handballen glatt reiben, Model auf den Teig drücken, größere Model wenden und mit den Fingerspitzen Teig leicht einklopfen, Ränder abschneiden oder mit dem Teigrädchen abtrennen. Zum Abtrocknen der Oberfläche mindestens 24 Stunden im warmen Raum stehen lassen. Auf bebuttertem oder bewachstem Blech erst ein Probespringerl backen. Die Oberfläche soll weiß bleiben und das "Füßchen" leicht gelb sein. Bei

Gasbackofen ggf. ein zweites leeres Blech oben einschieben, Ofentüre nach 10 Min. etwas geöffnet lassen. Sollte sich kein "Füßchen" bilden, ist Unterseite zu stark ausgetrocknet, dann diese mit etwas Wasser bestreichen. Nach dem Backen Springerle mit einem Tuch abdecken bevor sie kühl aufbewahrt werden. (Foto S.83)

Einschieben	Elektro	Gas	Backzeit	Aufbewahren
2. Rille v. u.	140°	1	30 Min.	Blechdose

Wassermarzipan

500 g Mehl	auf ein Brett sieben,
200 g feinstes Salz	daraufgeben,Mulde eindrücken,
2 kl. Tassen Wasser	lauwarm einrühren.
5 g Hirschhornsalz	in
2 EL Wasser (kalt)	auflösen,zufügen. Teig gut verkneten,1-2 Std. in Folie verpackt ruhen lassen. 8 mm dick gleichmäßig ausrollen,mit
Stärkemehl	leicht besieben,verreiben. Teig portionsweise in Model drücken und weiter verarbeiten wie Milchspringerle (S. 122) Wasserspringerle können auch nur getrocknet werden. Dann kein Hirschhornsalz nötig. Bruchsicher aufbewahren. (Foto S.124)

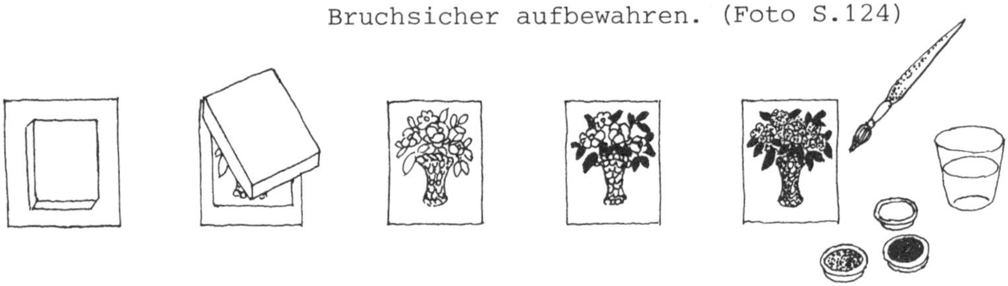

Tip: Holzmodel vor dem Aufbewahren einölen.
Überschüssiges Öl abreiben.

Baumkuchenspitzen

200 g Butter	zimmerwarm,glattrühren.
200 g Puderzucker	gesiebt,portionsweise abwechselnd mit
9 Eidottern	
2 EL süßer Sahne	und
3 EL Rum	zu lockerer Schaummasse rühren. Mit dem ausgeschabten Mark einer
Vanilleschote	und
1/2 TL Macisblüte	fein würzen.
9 Eiweiß	steif schlagen,
200 g Mehl	sieben und beides locker und behutsam unterheben. Eine <u>kleine</u> Grillpfanne vom Herd oder feuerfeste,eckige Form sehr gut einbuttern. Teig dünn einfüllen,so daß der Boden gerade bedeckt ist,hell backen,dann wieder Teig einfüllen,Rost höher stellen,hellbraun backen und so fortfahren bis Teigmasse verbraucht ist. Unten ggf. ein leeres Blech einschieben,damit der Teigboden nicht zu dunkel wird.
1/2 Glas Aprikosenmarmelade	erhitzen und glattgerührt über den warmen Kuchen streichen. Baumkuchen teilen und auf ein Holzbrett legen. 4 cm breite Streifen schneiden und diese dann in Dreiecke teilen. Abgekühlt mit erwärmter
Schokofettglasur (4 Töpfchen)	beziehen. Gebäck hält lange frisch.

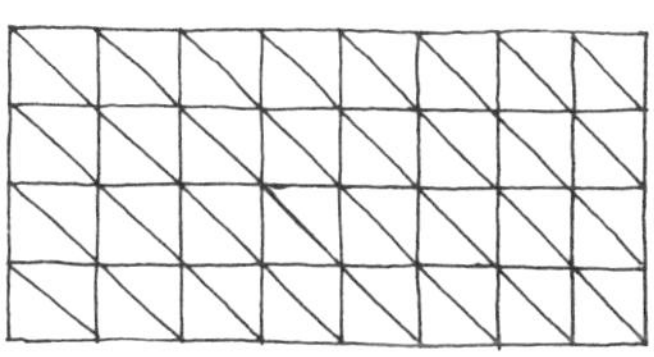

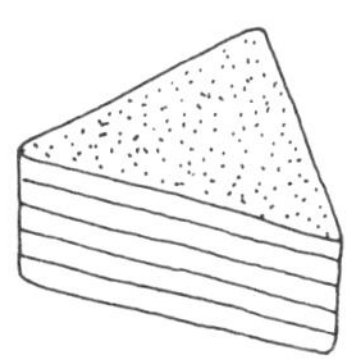

Einschieben	Elektro	Gas	Backzeit	Aufbewahren
1.Schicht Mitte 2.-letzte oben	250°	3-4	jeweils 6 Min.	in Gläsern

Anislaiberl

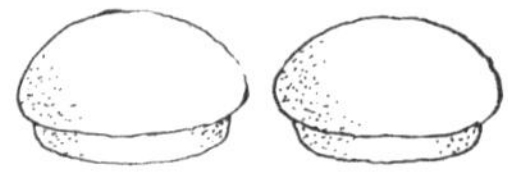

3 ganze Eier je ca. 60 g	mit
200 g feinem Zucker	auf Dampf schaumig schlagen, Masse darf nur lauwarm werden, dann wird sie kalt weitergeschlagen bis sie weißcremig und dick ist.
* 220-250 g Weizenmehl	angewärmt, feingesiebt portionsweise locker unterheben, zuletzt
* 1 EL Anis	gewiegt zugeben. Mit 2 Teelöffeln kleine Laiberl (1/2 TL Teig) auf be-

wachste und bemehlte Bleche setzen oder mit runder glatter Tülle darauf spritzen. Über Nacht in trockenem Raum belassen, daß die Oberfläche matt wird. Im vorgeheizten Backrohr in die oberste Rille ein zweites Blech leer einschieben damit die Oberfläche der Laiberl schön weiß bleibt. Die Füßchen sollen hellgelb werden. Bei Gas ggf. die Backofentüre einen Spalt offen lassen.

Einschieben	Elektro	Gas	Backzeit	Aufbewahren
Mitte	150°	1	12-15 Min.	Blechdose

Kleine Aniszwiebäcke

5 Eiweiß	zu steifem Schnee schlagen,
5 Eigelb	mit
200 g Zucker	sehr schaumig rühren und locker unter den Eischnee heben.
1 EL Anis	gewiegt zufügen,
250 g Mehl	sieben, portionsweise unterheben. Backröhre vorheizen. Grillpfanne oder flache Backform dick einbuttern. Den Teig 2 cm hoch einfüllen, goldgelb backen, auf ein Brett stürzen und wenn ausgekühlt, in ca. 6 cm lange und 1 cm breite Streifen schneiden. Anderntags mit der Schnittseite auf ein folienbelegtes Backblech legen und bei mäßiger Hitze hellgelb bähen.

Einschieben	Elektro	Gas	Backzeit	Aufbewahren
oberes Drittel	170°	1-2	25 Min.	Blechdose

Biskuit-Plätzchen

2 Eidotter	
2 EL warmes Wasser	und
80 g Zucker	schaumig rühren,
2 Eiweiß	mit
1 TL Zitronensaft	und
2 EL Vanillezucker	steifschlagen,auf die Eiercreme geben,
75 g Mehl	und
50 g Stärkemehl	darübersieben und alles locker vermengen. Vom Teig kleine Häufchen nicht zu dicht auf ein gut gefettetes,mit Mehl bestäubtes Backblech setzen. Nach dem Backen nach Belieben mit Eiweißspritzglasur oder Schokofettglasur verzieren. Zur Spritzglasur:
1 EL Eiweiß	steifschlagen,mit
etwas Zitronensaft	und
125 g Puderzucker	weiterrühren bis dicklicher Guß entsteht. Nach Belieben mit
Lebensmittelfarbe	vermischen und in Pergamenttütchen füllen.

Einschieben	Elektro	Gas	Backzeit	Aufbewahren
Mitte	160°	1-2	10-15 Min.	Blechdose

Wibele

2 ganze Eier	und
130 g Zucker	sehr schaumig schlagen,am schnellsten geht's auf Dampf,
1 Vanillezucker	
1 Prise Zimt	zufügen,
140 g Mehl	sieben und leicht unterheben. Die lockere Masse mit glatter Spritztülle zu "Wibele" von 2 bis höchstens 3 cm auf gefettetes oder gewachstes mit Mehl bestäubtes Blech spritzen. Punkt und Punkt. Trocknen lassen bis die Oberfläche ganz matt ist. (Ca. 3 Stunden) Dann hell backen. Wibele sollen "Füßchen" bekommen.

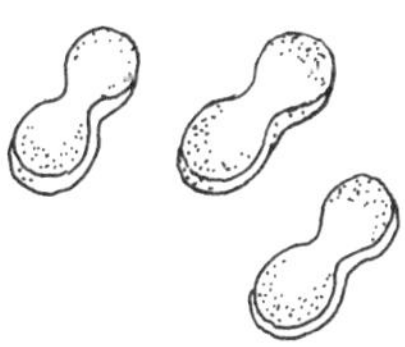

Einschieben	Elektro	Gas	Backzeit	Aufbewahren
Mitte	160°	1	10 Min.	Gefrierbeutel

Orangeatgebäck

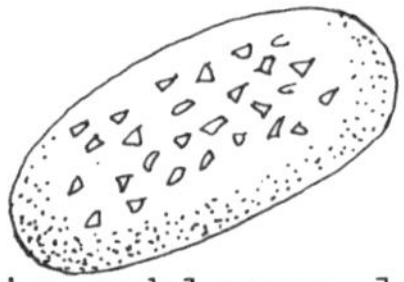

3 ganze Eier	und
250 g Zucker	schaumig schlagen, das Abgeriebene einer
Naturorange	
* 1 EL Zitronat	
* 1 EL Orangeat	beides feinstgehackt zufügen,
375 g Mehl	
1 Prise Salz	und
1 TL Natron	gesiebt unterarbeiten und den Teig mit
1 EL Orangenalkohol	fertigkneten. Kleine Weckchen formen. Entweder in
Hagelzucker	umdrehen und lichtgelb backen oder nach dem Backen mit Orangenglasur beziehen und
Orangeatstückchen	belegen. Zur Glasur:
150 g Puderzucker	mit
1-2 EL Orangensaft	warm und gesiebt glattrühren.

Einschieben	Elektro	Gas	Backzeit	Aufbewahren
Mitte	150-180°	1	10 Min.	Gefrierbeutel

Katzenzungen

3 Eiweiß und	
3 EL Zucker	steifschlagen,
1 Vanillezucker	und weitere
70 g Zucker	unterschlagen,
120 g Mehl	fein gesiebt sowie
1/8 l süße Sahne	sehr steif geschlagen vorsichtig in die Eiweißmasse unterheben. In Spritzbeutel mit glatter Tülle füllen. Auf gewachstes Blech 8-10 cm lange Zungen spritzen. Punkt-Strich-Punkt. Nicht zu eng, Masse läuft! Im vorgeheizten Herd backen. Die Zungen sollen hell aber an den Rändern bräunlich sein.

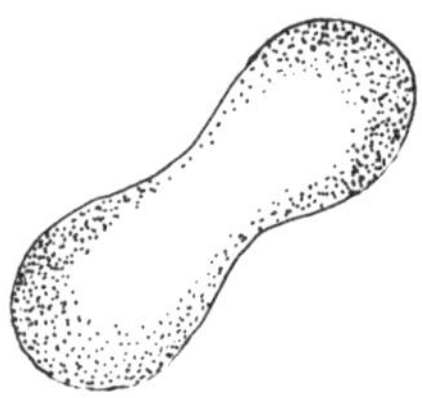

Einschieben	Elektro	Gas	Backzeit	Aufbewahren
Mitte	150°	1	10-15 Min.	Blechdose

Anislaiberl

2 ganze Eier	erst allein dann mit
200 g Zucker	und
1 EL Vanillezucker	schaumig schlagen bis eine dickcremige Masse entsteht.
100 g Weizenmehl	und
100 g Stärkemehl	sieben,mit
12 g Anis	gewiegt nach und nach untermischen. Bei größeren Eiern etwas Mehl zusätzlich bei-

geben. Auf ein bebuttertes mit Mehl bestäubtes Backblech kleine Häufchen setzen. Diese müssen 1-2 Tage im warmen Raum stehen bis die Oberfläche gut abgetrocknet und matt ist. Sie soll auch nach dem Backen ganz hell sein und die Laiberl sollen schöne goldgelbe Füßchen bekommen.

Einschieben	Elektro	Gas	Backzeit	Aufbewahren
Mitte	150°	1	10-15 Min.	Blechdose

Biskuit-Mandeltaler

40 g Butter	zergehen und auskühlen lassen.
2 Eidotter	mit
100 g Zucker	
2 Tropf. Bittermandelöl	schaumig rühren,die Butter zufügen.
2 Eiweiß	mit
1 EL Zucker	
1 Prise Salz	sehr steif schlagen.
100 g Mehl	mit
30 g Stärkemehl	gesiebt daraufgeben. Schaummasse, Schnee und Mehl locker vermischen. Kleine Häufchen nicht zu eng auf ein bebuttertes mit geschälten und gehobelten
* Mandeln	bestreutes Blech setzen und mit ebensolchen
Mandeln	bestreuen. Lichtgelb backen.

Einschieben	Elektro	Gas	Backzeit	Aufbewahren
Mitte	150-180°	1-2	8 Min.	Blechdose

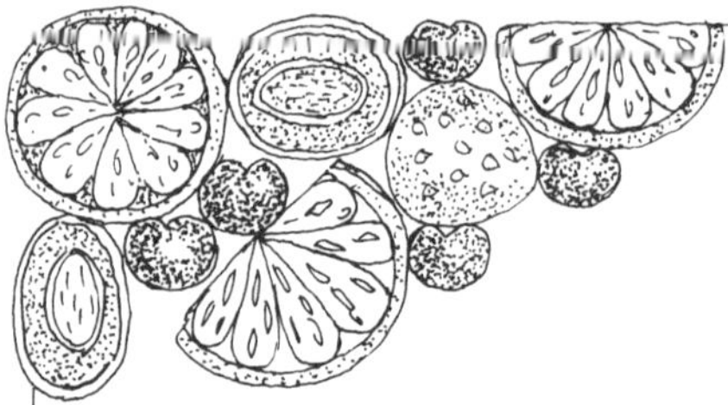

Pomeranzenbrötle

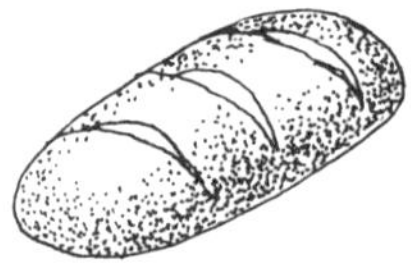

4 ganze Eier	und
340 g Zucker	sehr schaumig rühren,die feinstnudelig geschnittene oder grob geriebene Schale von
1 Naturorange	und die feingeriebene Schale von
1 Naturzitrone	zufügen,
400 g Mehl	auf ein Brett sieben,die Schaummasse hineingeben und zu einem geschmeidigen Teig verarbeiten. Jetzt erst
* 100 g Orangeat	und
* 40 g Zitronat	feingehackt unterkneten. Teig ruhen lassen. Fingerdicke Rolle drehen,5 cm Stückchen abschneiden,nachformen,einkerben,mit
Eigelb	bestreichen und
* Orangeatstreifchen	in die Kerben drücken. Goldfarbig backen.

Einschieben	Elektro	Gas	Backzeit	Aufbewahren
Mitte	160°	1	12 Min.	Blechdose

Nussgebäck ohne Fett

Eiweissgebäck

Berliner Brot

3 ganze Eier (kleine)	verschlagen,
200 g Rohrzucker	halbtassenweise unterrühren bis hellcremige Schaummasse entsteht. In
80 g Apfelkraut	
2 EL Korn	und folgende Gewürze geben:
2 EL Zimt	
1 Msp. Nelken	und
1 Msp. Piment	gemahlen.
* 100 g Mandeln	ungeschält,nur grob gehackt
* 40 g Zitronat	feingehackt
* 100 g Haselnüsse	gerieben und
* 100 g Markenschokolade	ebenfalls gerieben zur Schaummasse geben.
40 g Butter	zerlassen und abgekühlt einrühren,
150 g Mehl	mit
1 TL Natron	vermischt,gesiebt unterheben. Masse auf bebutterte Folie 1 cm dick streichen. Nicht zu fest durchbacken. Noch warm glasieren. In 5 x 2 cm Streifen schneiden.
	Zum Guß:
200 g Puderzucker	gesiebt
1 EL Rum	
1 EL Zitronensaft	gesiebt und
1 EL heißes Wasser	verrühren bis Guß glatt und glänzend ist.

Einschieben	Elektro	Gas	Backzeit	Aufbewahren
Mitte	190-200°	2-3	20 Min.	Blechdose

Amaretti, die nicht so schnell hart werden

2 Eiweiß	
1 Prise Salz	
2 EL Zucker	schaumig schlagen.
* 200 g süße Mandeln	
* 6 bittere Mandeln	geschält und gerieben mit
50 g Rohmarzipan	und
160 g Zucker	mischen, Eischnee portionsweise unterrühren. Kugeln von 4 cm ø formen, auf Backtrennpapier setzen. Mit
Rosenwasser	bepinseln und mit
Puderzucker	besieben. Beim Backen im Gasherd die Türe ggf. einen Spalt offen lassen. Amaretti müssen beim Abnehmen vom Blech innen noch weich sein, sonst werden sie sehr schnell hart. Schmecken frisch am besten.

Einschieben	Elektro	Gas	Backzeit	Aufbewahren
Mitte	160°	1	30 Min.	Gefrierbeutel

Genfer Mandelmakronen

7 Eiweiß	
500 g Zucker	auf Dampf schaumig schlagen.
3 EL Orangenblütenwasser	zufügen und
* 500 g Mandeln	geschält, getrocknet und fein gerieben untermengen. Mit nassem Teelöffel Häufchen auf
Oblaten	setzen, je eine geschälte, halbierte
* Mandel	daraufgeben, lichtgelb backen. Bei Gas ggf. Backofentüre öffnen.

Einschieben	Elektro	Gas	Backzeit	Aufbewahren
Mitte	140°	1	25 Min.	Blechdose

Witwenküsse

unser Hausrezept.

* 250 g Mandeln	abgezogen und stiftelig geschnitten auf ein Backblech geben,
60 g Zucker	daraufstreuen und im Backrohr hellgelb rösten,noch heiß mit
* 250 g Bitterschokolade	gerieben vermengen,erkalten lassen, zwischendurch mit Gabel auflockern.
4 Eiweiß	mit
250 g Zucker	in Schüssel auf Dampf schlagen,mit den Mandeln vermischen. Häufchen auf die rauhe Seite gespaltener
Oblaten	setzen und langsam backen. Bei Gas Backofentüre ggf. einen Spalt öffnen.

Einschieben	Elektro	Gas	Backzeit	Aufbewahren
Mitte	140°	1	15-20 Min.	Blechdose

Yaponais

besonders fein!

7 Eiweiß	mit
240 g Zucker	und
2 EL Vanillezucker	schaumig schlagen,
* 230-240 g Haselnüsse	leicht geröstet,fein gemahlen und
50 g Mehl	gesiebt,unterheben. Gleichgroße runde Häufchen von ca. 3 cm nicht zu eng auf ein gut gebuttertes und mit Mehl bestäubtes Backblech setzen oder spritzen und hell backen. Inzwischen Füllung bereiten.
150 g Butter	mit
120 g Puderzucker	schaumig rühren,
* 150 g Bitterschokolade	sehr feingerieben,unterrühren. Das erkaltete Gebäck auf der Backseite mit 1/2 TL Fülle bestreichen und je 2 Plätzchen aufeinandersetzen.

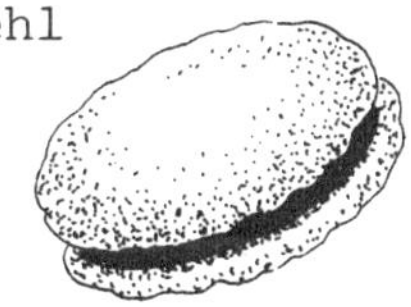

Einschieben	Elektro	Gas	Backzeit	Aufbewahren
Mitte	150-175°	1-2	8-10 Min.	Blechdose

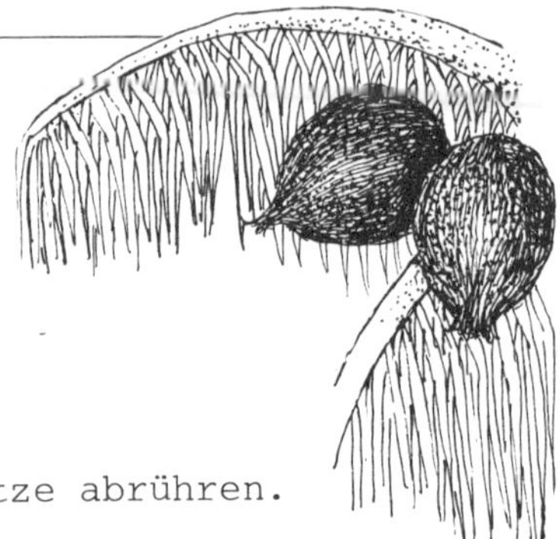

Kokosmakrönchen

4 Eiweiß	
200 g Zucker	in einer Kasserolle mit
1 TL Honig	und
150 g Kokosraspel	vermengen,bei gelinder Hitze abrühren. Vom Feuer nehmen.
50 g Mehl	sieben,in die noch warme Masse unterarbeiten. Die Schale einer ungespritzten
Zitrone	feinst nudelig schneiden,untermischen. Vom Teig mit Teelöfferl nußgroße Häufchen auf
Oblaten	setzen und nur lichtgelb backen. Müssen sich noch ein bisserl weich anfassen,eh' man sie vom Blech nimmt.

Einschieben	Elektro	Gas	Backzeit	Aufbewahren
Mitte	140°	1	ca. 20 Min.	Gefrierbeutel

Kokosmohren

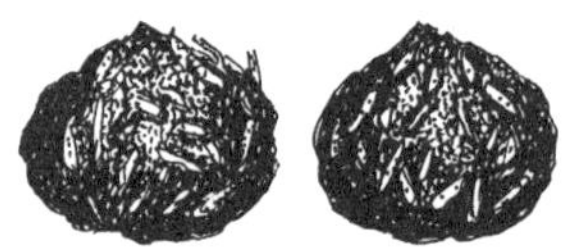

3 Eiweiß	mit
180 g Zucker	auf Dampf schlagen,
1 EL Zitronensaft	zufügen,
240 g Kokosraspel	unterheben,mit 2 Teelöffeln kleine Häufchen auf bebuttertes und bemehltes Blech geben oder mit großer,runder Tülle daraufspritzen. Mehr trocknen als backen. Böden müssen sich noch eindrücken lassen,sonst werden die Makronen zu hart. Erkaltet mit
Schokoladeglasur	beziehen und in warmem Raum trocknen lassen.
	Zur Glasur:
180 g Bitterschokolade	zerbröckeln,mit
1 EL Butter	im Wasserbad weich werden lassen.
6 EL Wasser	mit
5 EL Zucker	2-3 Min. aufkochen,dann langsam in die Schokobuttermasse rühren.Aus dem Wasserbad nehmen,bis zum Abkühlen dickrühren.

Einschieben	Elektro	Gas	Backzeit	Aufbewahren
Mitte	140°	1	ca. 20 Min.	in Gläsern

Vanilleschokostengli

von Gertrude Hubert 1864

* 350 g Mandeln	mit der Schale gerieben,mit
200 g Zucker	und dem Mark einer ganzen
Vanilleschote	unter Zugabe von
1/2 Tasse Orangenblütenwasser	und
1/2 Tasse Wasser	in einer Kasserolle zu feinem Teig verarbeiten,den man auf kleiner Hitzeeinstellung zur glatten Konsistenz rührt. Unter die warme Masse
* 100 g Zartbitterschokolade	feingerieben,geben. Auf eine mit Wasser befeuchtete Arbeitsfläche 1 cm dick streichen. Kleinfingerdicke Stengli abschneiden,diese in
* Mandelspänen (ca. 200 g)	wälzen. Auf gut gebutterte Folie oder Blech legen. Etwas antrocknen lassen,dann langsam backen. Sollen innen noch ein wenig feucht sein. Nicht zu lange aufbewahren.

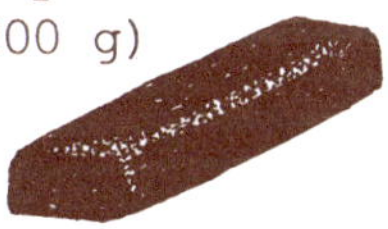

Einschieben	Elektro	Gas	Backzeit	Aufbewahren
Mitte	160°	1	10-15 Min.	in Gläsern

Echte Mandelmakronen

* 230 g Mandeln	geschält,getrocknet und gerieben mit
180 g Zucker	vermischen,nochmals durch die Reibmaschine geben, mit dem Saft von
1/2 Zitrone	und mit
1 Eiweiß	vermischen,auf kleiner Hitze rühren bis lauwarm. Auskühlen lassen.
3 Eiweiß	und
50 g Zucker	schaumig schlagen,mit der Mandelmasse vermischen, auf
Oblaten	kleine Häufchen setzen,mit halbierten,geschälten
* Mandeln	garnieren,etwas abtrocknen lassen und hell backen. Bei Gas Backofentüre etwas öffnen.

Einschieben	Elektro	Gas	Backzeit	Aufbewahren
Mitte	140°	1	20 Min.	Gefrierbeutel

Wespennester

250 g Zucker	und
4 EL Wasser	erhitzen bis sich der Zucker völlig gelöst hat.
* 250 g Mandeln	ungeschält, länglich geschnitten zugeben, unter ständigem Rühren gelblich rösten, erkalten lassen - gelegentlich umrühren, um ein Zusammenkleben zu vermeiden.
6 Eiweiß	und
250 g Zucker	auf Dampf schaumig schlagen bis die Masse dick ist,
* 125 g bittere Schokolade	gerieben,
1/2 Vanillestange	ausgestreift und die erkalteten Mandeln daruntermengen. Mit Teelöffel kleine Häufchen auf
Oblaten	setzen. Mehr trocknen als backen. Bei Gas ggf. Backofentüre etwas offen lassen.

Einschieben	Elektro	Gas	Backzeit	Aufbewahren
Mitte	140°	1	20 Min.	Blechdose

Schokoladenmuscheln

8 Eiweiß	sehr steif schlagen,
500 g Zucker	zugeben und dickschaumig rühren, Saft und Schale einer
Naturzitrone	zufügen,
* 180 g Schokolade	gerieben,
1 EL Zimt	einrühren und
* 500 g Mandeln	ungeschält gerieben, untermengen. Aus der Masse Kugeln formen, in mit
Zucker	ausgestreute Muschelförmchen drücken, herausklopfen, kalt stellen und dann mehr trocknen als backen. Bei Gas Backofentüre ggf. etwas öffnen.

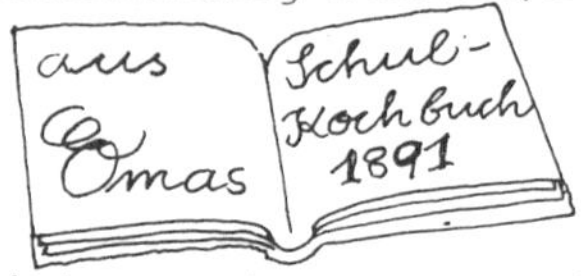

Einschieben	Elektro	Gas	Backzeit	Aufbewahren
Mitte	130°	1	12 Min.	Blechdose

Zimmetsterne

ein altes Schweizer Familienrezept v. L. Sch.

4 Eiweiß	und
310 g Zucker	auf Dampf schaumig schlagen. 1 Tasse der Masse wegnehmen,Schale und Saft einer
Naturzitrone	und
3 TL Zimt	dem Rest beifügen.
* 250 g Mandeln	ungeschält gerieben,untermischen. Faustgroße Stücke auf,mit gehackten
* Mandeln	bestreutem Backbrett 1 cm dick ausrollen,mittelgroße Sterne ausstechen (Formen immer wieder in Wasser tauchen),auf die rauhe Seite gespaltener
Oblaten	setzen. Den beiseite gestellten Guß am besten mit einer Spitztülle auf die Sterne streichen und mehr trocknen als backen. Zweites Backblech oben einschieben,Guß soll hell bleiben. Sterne müssen sich nach dem Backen unten noch eindrükken lassen,sonst werden sie trocken. Erst offen lagern.

Einschieben	Elektro	Gas	Backzeit	Aufbewahren
Mitte	120-140°	1	20-30 Min.	Gefrierbeutel

Schoko-Walnusschnitten

4 Eidotter	und
120 g Zucker	sehr schaumig schlagen,
* 140 g Schokolade	im Wasserbad erweicht unterrühren mit
* 140 g Walnüssen	gerieben und
20 g Semmelbrösel	zu einem Teig vermengen,der auf ein dick mit
Butter	bestrichenes Blech oder in feuerfeste Form gestrichen wird. Nach dem Backen mit Guß beziehen und etwas auskühlen lassen. Mit scharfem Messer in kleine Quadrate oder Rechtecke schneiden. Zum Guß:
150 g Puderzucker	mit
1 EL Zitronensaft	
2 EL heißem Wasser	fest rühren und gleich verwenden.

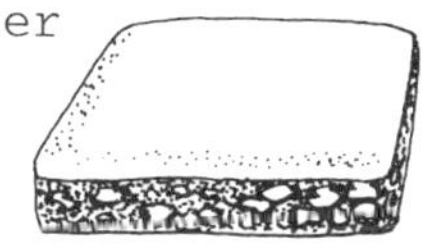

Einschieben	Elektro	Gas	Backzeit	Aufbewahren
Mitte	190-200°	2	ca. 20 Min.	Blechdose

Münchner Zimtsterne (Foto nebenan)

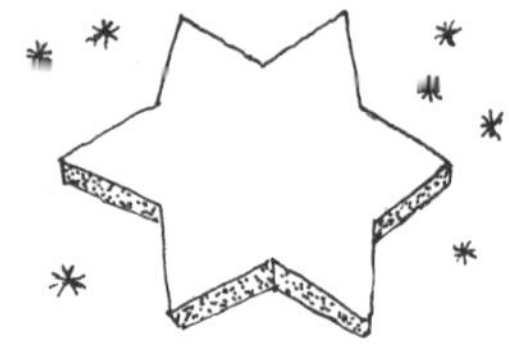

v. Herrn Konditormeister Gall in der Hirschgartenallee

* je 150 g Mandeln u.Haselnüsse	gemahlen mit
250 g Zucker, 1 Msp Salz	auf ein Brett geben,
125 g Rohmarzipan	in Stückchen,
* je 75 g Orangeat u.Zitronat	fein gehackt,
12 g Zimt,	das Abgeriebene von
1 Naturorange	und ungeschlagene
4 Eiweiß	zufügen und vermischen. Teig erst nach 2 Tagen 4 mm dick ausrollen,ausstechen,mit Guß bestreichen.Leicht backen.

Guß: 3 Eiweiß sehr steif schlagen, je nach Eigröße bis zu 450 g Puderzucker gesiebt, darunterschlagen bis die Masse in Spitzen steht.Als Pfiff eine Spur feinstgeriebene Oranschale unterziehen!

Einschieben	Elektro	Gas	Backzeit	Aufbewahren
Mitte	150-160°	1	20-30 Min.	Blechdose

Zitronenherzerl

Rezept v. Tante Liesel Graz

3 Eigelb	mit
130 g Zucker	schaumig schlagen,
1 EL Zitronensaft	und das Abgeriebene einer
Naturzitrone	zufügen.
* 230 g Mandeln	geschält und gerieben auf ein Brett geben, die Eimasse zugeben und zu einem geschmeidigen Teig verarbeiten. 5 mm dick ausrollen,Herzen ausstechen und auf bebutterter Alufolie hell backen. Auf Gitter legen und noch heiß mit Zitronenglasur beziehen.
	Zum Guß:
100 g Puderzucker	gesiebt mit
2-3 TL Zitronensaft	glattrühren.

Einschieben	Elektro	Gas	Backzeit	Aufbewahren
Mitte	180°	2	12 Min.	Blechdose

Foto:

Zimtsterne

Mandelbögen

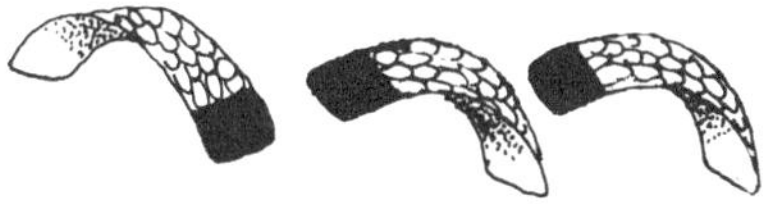

3 kleine Eiweiß	
180 g Zucker	
1 TL Zitronensaft	auf Dampf schaumig schlagen (Masse darf nur lauwarm werden),dann
* 175 g Mandeln	ganz trocken,blättrig geschnitten und
* 30 g Zitronat	fein gehackt unterheben. Masse 1/2 cm dick auf rechteckige
Oblaten	streichen. Dünn blättrig geschnittene
* Mandeln	darauf streuen,etwas andrücken. Mit scharfem Messer ca. 2 cm breite und 10 cm lange Streifen schneiden,2 Std. trocknen lassen, dann lichtgelb backen. Solange sie noch heiß und biegsam sind über Rehrückenform oder Flaschen legen. Die Enden in
Kuvertüre	tauchen.

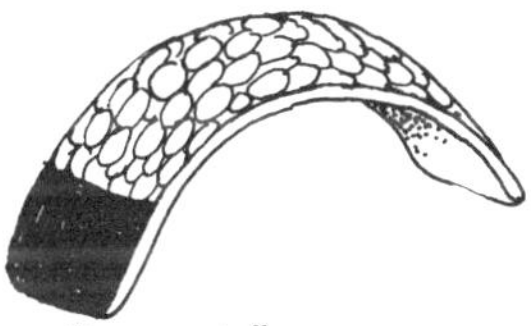

Einschieben	Elektro	Gas	Backzeit	Aufbewahren
Mitte	180°	1	ca. 20 Min.	Blechdose

Mandelherzen

3 Eiweiß	und
250 g Zucker	schaumig rühren,
1 TL Zimt	
1 Prise Nelken	
* 2 EL Zitronat	feinstgehackt zufügen,mit
* 250 g Mandeln	ungeschält gerieben zu einem Teig verarbeiten. Kurz kalt stellen. Teig 4 mm dick ausrollen, mittelgroße Herzchen ausstechen,nach nochmaligem Kühlstellen auf gefetteter Alufolie backen. Ausgekühlt mit
Kuvertüre	beziehen,mit abgezogenen,quergeschnittenen
* Mandeln	belegen. Gut getrocknet erst im Karton lagern.

Einschieben	Elektro	Gas	Backzeit	Aufbewahren
Mitte	130°	1	15 Min.	Blechdose

Tiroler Leckerli

3 ganze Eier	mit
130 g Zucker	und
1 EL Zitronenzucker	schaumig schlagen,
150 g Mehl	gesiebt,portionsweise unterrühren.
* 100 g Haselnüsse	grobgehackt,
* 100 g Mandeln	und
* 100 g Schokolade	ebenfalls grobgehackt mit
* 100 g Weinbeeren	in etwas
Obstler	eingeweicht und
1 TL Zimt	unter die Masse heben. Teig etwas stehen lassen,daß er nicht mehr fließt. Auf runde
Oblaten	kleine Häufchen setzen. Beim Backen darauf achten,daß man die Plätzchen auf der Unterseite noch eindrücken kann. Warm mit weißem Guß beziehen und in die Mitte je
1/2 kandierte Kirsche	setzen. Zum Guß:
150 g Puderzucker	mit
3 EL Zitronensaft	
2 EL heißem Wasser	glattrühren bis Guß glänzt.

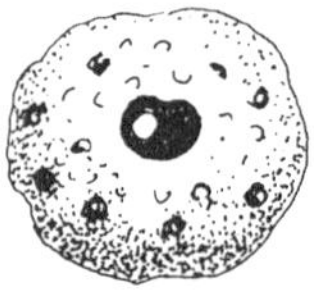

Einschieben	Elektro	Gas	Backzeit	Aufbewahren
oberes Drittel	180°	1-2	12 Min.	Blechdose

Dattelleckerle

3 Eiweiß	mit
150 g Zucker	in Schüssel auf Dampf schlagen
* 150 g frische Walnüsse	geschält,ganz grob gehackt,(wenn ältere verwendet werden,vor dem Schälen in warme Milch legen)
* 100 g Datteln	ohne Kern in kleine Streifchen geschnitten zufügen,
1 TL Aprikosengeist	untermischen und kleine Kugeln auf ein gut bebuttertes mit
Puderzucker	bestäubtes Blech setzen. Mehr trocknen als backen. Bei Gas Backofentüre etwas öffnen. Erst etwas offen lagern.

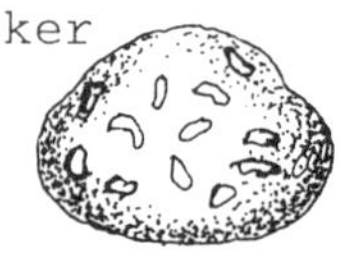

Einschieben	Elektro	Gas	Backzeit	Aufbewahren
Mitte	120-140°	1	15-20 Min.	Blechdose

Haselnussmakronen

4 Eiweiß (ca. 140 g)	und
230 g Zucker	
1 TL Zitronensaft	auf Dampf schaumig schlagen, 1/2 Tasse dieser Masse beiseitestellen. In den anderen Teil die nicht zu fein geriebene Schale einer halben
Naturzitrone	und
* 200 g Haselnüsse	leicht geröstet und gerieben, unterheben. Teig nicht zu fest halten. Wenn aber zu weich, etwas mehr Haselnüsse untermischen. Mit 2 Teelöffeln Kugeln auf
Oblaten	setzen. Aus der zurückbehaltenen Eiweißmasse kleine Tupfen auf jede Makrone spritzen und
je 1 ganze Haselnuß	darauf setzen. Bei Gas eventuell Backofentüre einen Spalt öffnen. (Foto S.93)

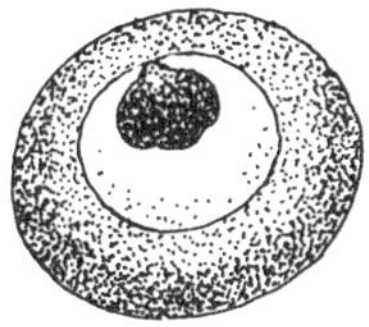

Einschieben	Elektro	Gas	Backzeit	Aufbewahren
Mitte	140°	1	20-30 Min.	Blechdose

Haselnussrauten

8 Eiweiß	und
500 g Puderzucker	feingesiebt und trocken - sehr dickschaumig schlagen. 1 Tasse von dieser Masse für den Guß beiseite stellen. In die übrige Eiweißmasse gibt man die Schale einer
Naturzitrone	und hebt
* 250 g Mandeln	ungeschält gerieben und
* 250 g Haselnüsse	leicht geröstet und gerieben, unter. Auf der mit Zucker bestreuten Arbeitsfläche den Teig portionsweise in kleinen Mengen 5 mm dick ausrollen, in Rauten von ca. 6-7 cm schneiden oder mit dem Teigrädchen durchtrennen. Auf Blech mit Alufolie legen, mit dem zurückbehaltenen Guß bestreichen. In die Mitte etwas
gehackte Nüsse	streuen und vorsichtig backen. Bei zu großer Hitze springt der Guß. Erst im Karton lagern.

Einschieben	Elektro	Gas	Backzeit	Aufbewahren
Mitte	140°	1	20 Min.	Blechdose

Schokokränzchen

4 Eiweiß	zu Schnee schlagen,mit
250 g Puderzucker	1/4 Stunde rühren.
* 250 g Mandeln	ungeschält,gerieben und
* 80 g Schokolade	feingerieben,daruntermengen. In Spritzbeutel füllen und auf ein gut bebuttertes Blech Kränzchen spritzen. Nach dem Backen mit weißer Glasur bestreichen.
	Zum Guß:
200 g Puderzucker	gesiebt,
2 EL Arrak und	
2 EL heißes Wasser	fest verrühren bis Guß glänzend und dick ist.

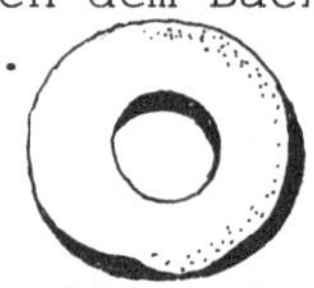

Einschieben	Elektro	Gas	Backzeit	Aufbewahren
Mitte	160°	1	20-30 Min.	Blechdose

Schokoladenmakronen

4 Eiweiß	und
2 EL Vanillezucker	zu festem Schnee schlagen,nach und nach
180 g Zucker	löffelweise unterschlagen,
75 g dunklen Kakao	gesiebt,
* 250 g Mandeln	ungeschält gerieben unterheben,mit Teelöffel kleine Häufchen auf
Oblaten	setzen,mehr trocknen als backen. Bei Gas Backofentüre ggf. einen Spalt offen lassen.

Einschieben	Elektro	Gas	Backzeit	Aufbewahren
Mitte	140°	1	10-15 Min.	Gefrierbeutel

Walnusskrapferl

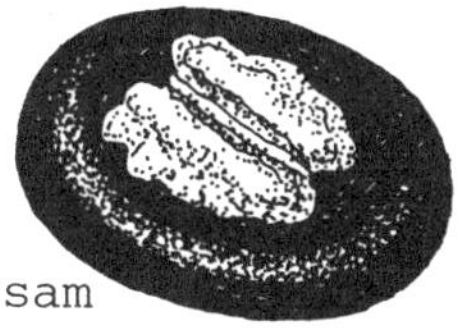

4 Eiweiß	und
1 Prise Salz	zu Schnee schlagen, langsam
250 g Zucker	unterschlagen bis Masse sich schlängelt,
* 200 g Walnüsse	feingerieben
* 50 g Walnüsse	grob gehackt,
* 50 g Orangeat	feingehackt unterheben. Auf kleine
runde Oblaten	Kugeln setzen, flachdrücken, hell backen. Bei Gas Backofentüre ggf. einen Spalt öffnen. Auskühlen lassen, dünn mit
Johannisbeergelee	bestreichen und mit im Wasserbad erweichter
Kuvertüre	beziehen. Auf jedes Krapferl
* 1/2 Walnuß	legen. (Foto S.93)

Einschieben	Elektro	Gas	Backzeit	Aufbewahren
Mitte	130°	1	8-10 Min.	in Gläsern

Tuiles noisette

3 Eiweiß	und
125 g Zucker	
1 EL Vanillezucker	auf Dampf schlagen,
* 125 g Haselnüsse	leicht geröstet, gemahlen unterheben. Auf bebutterte Folie oder gefettetes Blech 8 cm lange, ovale Zungen dressieren. Hell backen. Bei Gas Backofentüre ggf. offen lassen. Noch heiß über Flaschen, Teigroller oder Kartonrollen von Küchenkrepp legen.

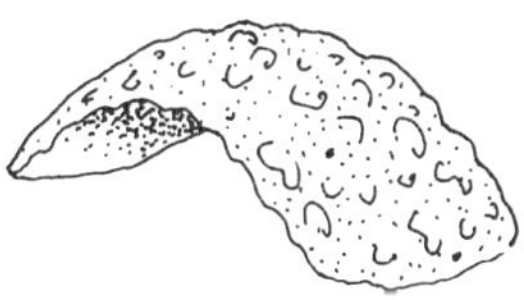

Einschieben	Elektro	Gas	Backzeit	Aufbewahren
Mitte	100°	1	8-10 Min.	Blechdose

Nussmakronen

4 Eiweiß	zu steifem Schnee schlagen,mit
250 g Zucker	
2 EL Vanillezucker	und
etwas Zitronensaft	gut verrühren. 1/2 Tasse dieser Masse für Guß zurückbehalten. In die Schaummasse
* 125 g Haselnüsse	gemahlen und
* 125 g Mandeln	ungeschält fein gewiegt untermischen,auf
Oblaten	runde Kugeln setzen,mit dem zurückbehaltenen Guß beziehen,in die Mitte 1/2 Haselnuß setzen. 1-2 Stunden stehen lassen,dann hell backen. Bei Gas Backofentüre etwas öffnen. Oblaten an den Rändern abbrechen. Erst offen lagern.

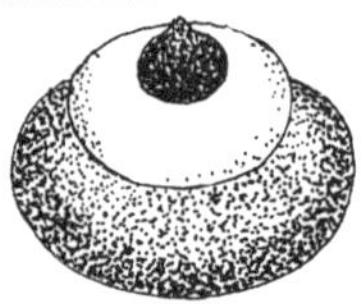

Einschieben	Elektro	Gas	Backzeit	Aufbewahren
Mitte	130°	1	ca. 20 Min.	Blechdose

Haferflocken-Nussbusserl

3 Eiweiß	gut gekühlt mit
1 EL Zucker	sehr schaumig schlagen,
140 g Zucker	
1 EL Vanillezucker	zufügen,weiterschlagen bis Masse feste Konsistenz hat.
* 100 g Haferflocken	kleine,kernige Sorte ganz leicht ohne Fett rösten,erkalten lassen,
* 100 g Walnüsse	nicht zu fein gemahlen
1 EL Zitronensaft	und
1 TL Zitronenschale	einer Naturzitrone untermischen. Teig mit 2 Kaffeelöfferln auf die rauhe Seite gespaltener
Oblaten	setzen und backen. Ausgekühlt erst ein paar Tage offen stehen lassen,dann verschließen.

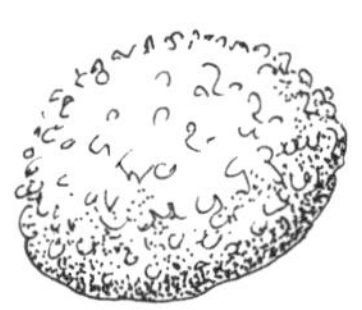

Einschieben	Elektro	Gas	Backzeit	Aufbewahren
Mitte	180°	1-2	10 Min.	Blechdose

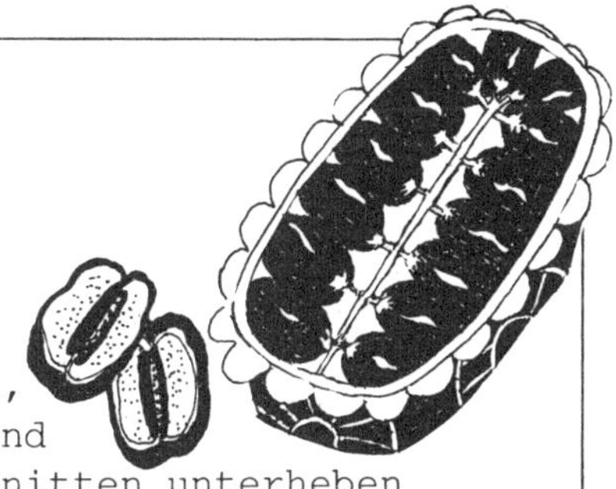

Dattelmakronen

3 ganze Eier	mit
300 g Zucker	recht schaumig schlagen,
300 g Nüsse	gemischt feingemahlen und
300 g Datteln	entkernt und kleingeschnitten unterheben und mit
2 EL Vanillezucker	abschmecken. Kleine Häufchen auf
Oblaten	setzen und langsam backen. Nach dem Erkalten noch in der Küche stehen lassen,dann erst aufbewahren.

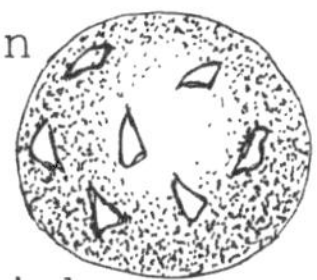

Einschieben	Elektro	Gas	Backzeit	Aufbewahren
Mitte	130-140°	1	15-20 Min.	Blechdose

Belgrader Brot

6 Eier	mit
500 g Zucker	sehr schaumig rühren,
*500 g Haselnüsse	gerieben,
*100 g Zitronat	und
* 80 g Orangeat	beides gewürfelt,sowie die Schale von
1 Naturzitrone	nicht zu fein gerieben,
1 TL Zimt	und noch
2 EL Zwetschgenschnaps	zufügen,
375 g Mehl	gesiebt unterrühren.Je nach Größe der Eier, den Teig zimmerwarm 1 -2 Tage ruhen lassen,bis er angezogen hat.Ausgewellt in Rauten schneiden,auf bebuttertem Blech backen,warm mit folgender Glasur beziehen:
250 g Puderzucker	
2 EL heißes Wasser	
2 EL Zitronensaft	glatt rühren bis glänzender Guß entstanden ist.

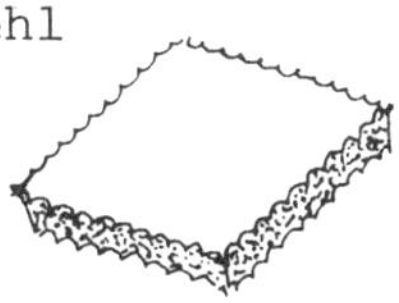

Einschieben	Elektro	Gas	Backzeit	Aufbewahren
Mitte	170°	1-2	15 Min.	Blechdose

Schaumgebäck von Rola Vestner

Wichtig: Quantum nicht verdoppeln,Masse würde zu lange stehen.

4 Eiweiß	sehr kalt mit
250 g Zucker	und
1 TL Zitronensaft	auf Dampf schaumig schlagen bis Spitzen stehen bleiben,wenn man den Schneebesen herauszieht. Masse darf aber nur lauwarm werden! Nach Belieben die feingeriebene Schale einer
Naturzitrone	beifügen. Auf gefettete und mit Mehl bestäubte Alufolie nicht zu dünne Kränzchen und Rosetten spritzen. Verschiedenartig mit blättrig geschnittenen
Pistazien	oder klein geschnittenen
Mandeln	bestreuen. Ungarniert kann man das Gebäck mit
Schokofettglasur	beziehen und darauf
bunten Streuzucker	geben. Schaumringe werden mehr getrocknet als gebacken. Bei Gas Backofentüre ggf. ganz geöffnet lassen. Sie sind fertig,wenn sie beim Anfassen nicht mehr nachgeben und sich auf der Folie verschieben lassen. Gleich verschließen, wenn ausgekühlt.

Einschieben	Elektro	Gas	Backzeit	Aufbewahren
Mitte	100°	1	30 Min.	Blechdose

Schaumringerl und -Körbchen

4 Eiweiß	nicht zu frisch und sehr kalt mit
1 Msp. Zitronen-	oder
1 Msp. Weinsteinsäure	und
300 g Zucker	zubereiten wie Schaumgebäck.

Ein Teil kann rosa gefärbt werden mit einigen Tropfen Saft von frischen roten Beten oder roter Lebensmittelfarbe,gelb mit etwas Safran. Mit kleinen Liebesperlen,Gold- und Silberkugeln sind bei der Garnierung der Phantasie keine Grenzen gesetzt. (Foto nebenan)

Foto:

Schaumringerl

Luxemburgerli

2 Eiweiß	
1 Prise Salz	
100 g Zucker	schaumig schlagen,
1 EL Vanillezucker	zufügen,kurz weiterschlagen und
1 EL Kakao (stark entölt)	gesiebt,untermischen. Masse in Spritzbeutel mit großer glatter Tülle füllen, kleine Häufchen auf ein bebuttertes und bemehltes Blech spritzen. Mehr trocknen als backen. Bei Gasherd Backraumtüre ggf. ganz offen lassen. Die Schäumchen müssen sich auf der Unterseite noch etwas eindrücken lassen. Nach dem Erkalten auf eine Unterseite 1/2 Teelöffel Creme geben,ein zweites Schäumchen mit der Unterseite daraufsetzen. Sehr kühl und trocken aufbewahren. Für alsbaldigen Verzehr bestimmt.

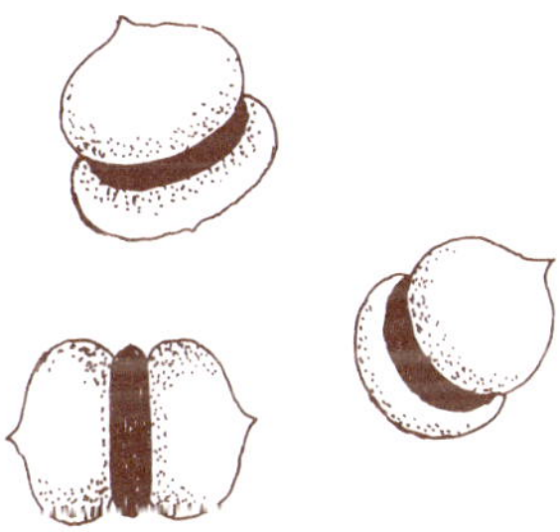

Zur Creme:

80 g Butter	
60 g Puderzucker	und
2 kleine Eigelb	schaumig rühren,
50 g Bitterschokolade	erweicht und abgekühlt langsam unterrühren.

Einschieben	Elektro	Gas	Backzeit	Aufbewahren
unten	140°	1	30-40 Min.	nur kurz

Zitronenbaisers

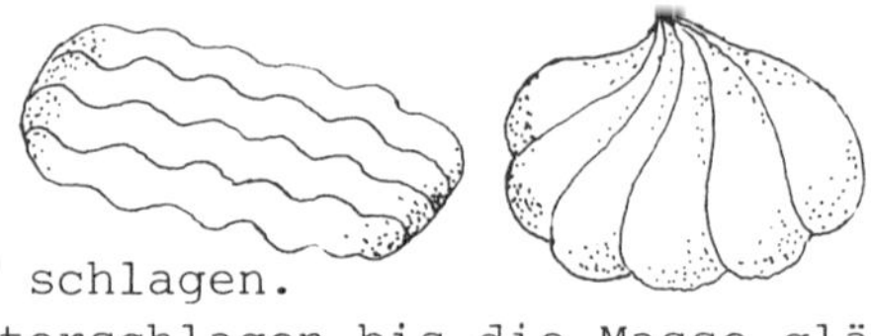

2 kalte Eiweiß	mit
1 EL Zucker	und
1 TL Zitronensaft	sehr steif schlagen.
125 g Zucker	zufügen, unterschlagen bis die Masse glänzt. Abgeriebene Schale einer ganzen
Naturzitrone	zufügen. Teig in Spritzbeutel füllen oder mit Teelöffel kleine Häufchen auf ein bebuttertes und leicht bemehltes Blech setzen. Die Baisers mehr trocknen als backen.

Sie sind fertig, wenn sie beim Anfassen nicht mehr nachgeben und sich auf dem Blech verschieben lassen. Bei Gas ggf. Backofentüre offen lassen. Nach dem Erkalten gleich verschlossen aufbewahren.

Einschieben	Elektro	Gas	Backzeit	Aufbewahren
Mitte	100°	1	20-30 Min.	Blechdose

Schaumeier

3 kalte Eiweiß	mit
200 g Zucker	in eine fettfreie Schüssel geben und auf Dampf dickschaumig schlagen bis sich die Masse schlängelt - sie darf aber nur lauwarm werden!
2 EL Vanillezucker	zufügen. Mit 2 Teelöffeln kleine Eier auf bebuttertes und bemehltes Blech oder auf Backfolie setzen, mit gestiftelten
* Mandeln oder buntem Streuzucker	verzieren und im Backrohr mehr trocknen als backen. Die Mandeln sollen garade hell gebräunt sein. Bei Gas Backofentüre ggf. ganz geöffnet lassen.

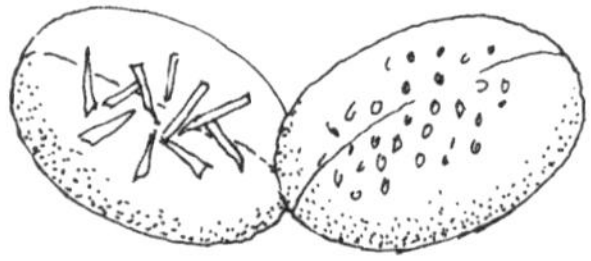

Einschieben	Elektro	Gas	Backzeit	Aufbewahren
Mitte	100°	1	20-30 Min.	Blechdose

Hagebuttenbrötle

3 Eiweiß (100 g)	mit
210 g Zucker	
1 Prise Salz	auf Dampf schaumig schlagen bis die Masse dick ist und Spitzen stehen bleiben. (Darf aber nur lauwarm werden!). 1 Tasse davon in eine Garnierspritze füllen und kühl stellen. In den übrigen Teil
180 g Hagebuttenmark (Hiffenmark) roh	und
1 TL Zitronensaft	zufügen,
* 200 g Mandeln	geschält und gerieben,locker unterheben. Mit Teelöffel Häufchen auf kleine runde
Oblaten	setzen,mit nassem Teelöffelstiel Vertiefung eindrücken,mit
Hagebuttenmarmelade	füllen,obenauf mit der zurückgestellten Schaummasse abdecken. 1/2 Stunde trocknen lassen,dann bei schwacher Hitze mehr trocknen als backen. Die Brötchen sollen noch etwas weich sein,wenn man sie aus dem Ofen nimmt. Bei Gas die Backofentüre ggf. offen lassen. (Foto S.93)

Einschieben	Elektro	Gas	Backzeit	Aufbewahren
Mitte	140°	1	30-40 Min.	Gefrierbeutel

Dattel-Busserl

3 Eiweiß	mit
1 TL Zucker	und
1 TL Zitronensaft	steif schlagen,
80 g Puderzucker	gesiebt unterheben.
* 80 g Mandeln	abgezogen und gestiftelt sowie
* 150 g Datteln	entkernt und in kleine Streifchen geschnitten,untermischen. Auf kleine runde
Oblaten	mit Teelöffel Häufchen setzen,im Backrohr langsam trocknen lassen. Bei Gas ggf. Backofentüre etwas offen lassen.

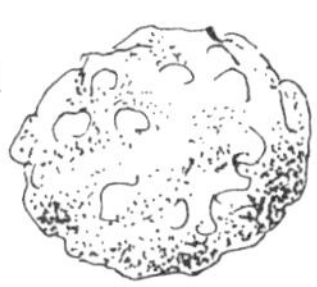

Einschieben	Elektro	Gas	Backzeit	Aufbewahren
Mitte	140°	1	20 Min.	Blechdose

Basler Brunsli

* 200 g Mandeln	ungeschält gerieben auf ein Brett geben,
200 g Puderzucker	darübersieben,
* 125 g Bitterschokolade	gerieben dazugeben, mit
2-3 EL Kirschwasser	und
2-3 TL Wasser	von Hand verkneten bis der Teig gut zusammenhält. Portionsweise auf
Grießzucker	1 cm dick auswallen und mit Förmchen ausstechen, wenn man keine typischen

Brunsliformen besitzt, in die der ausgerollte Teig gedrückt wird. Auf ein gut gebuttertes Blech oder Alufolie geben und mehr trocknen als backen. Brunsli dürfen keine Sprünge bekommen. Nach dem Backen auf dem Blech noch etwas abkühlen lassen, dann auf ein Gitter legen und wenn erkaltet, sofort verwahren sonst werden sie hart. Bei Gas ggf. die Backofentüre einen Spalt öffnen.

Einschieben	Elektro	Gas	Backzeit	Aufbewahren
oben	100°	1	5-8 Min.	Blechdose

Schoko-Busserl

5 Eiweiß ca. 165 g	zu festem Schnee schlagen,
250 g Zucker	und
1 TL Zitronensaft	zufügen und das Gemisch sehr dickschaumig rühren. 3 EL davon wegnehmen und kühlstellen. In die übrige Masse
* 125 g Mandeln	geschält und gerieben sowie
* 200 g Zartbitterschokolade	feingerieben - in die Schaummasse leicht unterheben, mit Teelöffel kleine Häufchen auf
runde Oblaten	setzen, eine Vertiefung mit nassem Kochlöffelstiel eindrücken und die beiseitegestellte Eischneemasse am besten mit glatter Spritztülle einfüllen. Bei Gas Backofentüre etwas öffnen. Mehr trocknen als backen.

Einschieben	Elektro	Gas	Backzeit	Aufbewahren
Mitte	140°	1	30 Min.	Blechdose

Makronenschnitten

2 ganze Eier	auf Dampf mit
180 g Zucker	schaumig schlagen,
1 EL Vanillezucker	
1 EL Orangensaft	
* 50 g Zitronat	feinst gehackt und
* 200 g Mandeln	geschält,gerieben unterheben. Vom Teig mit großer Sterntülle Streifen in Abständen von 2 cm auf rechteckige
Oblaten	spritzen. Zartbraun backen. Rillen mit durchpassierter,heißer
Aprikosenmarmelade	füllen. Gebäck in Streifen schneiden. (s. Zeichnung) Makronenschnitten schmecken frisch am besten.

Einschieben	Elektro	Gas	Backzeit	Aufbewahren
Mitte	180°	1-2	15-20 Min.	Gefrierbeutel

Orangenmakronen *sehr fein! v. Tante Gusta*

3 Eiweiß (90-100 g)	zu steifem Schnee schlagen,mit
280 g Zucker	weiterrühren bis Masse dickschaumig ist.
* 280 g Mandeln	geschält und fein gerieben sowie den Saft und die feinst nudelig geschnittene Schale einer
* Naturorange	zufügen. Aus dem Teig kleine Häufchen auf die rauhe Seite gespaltener
Oblaten	setzen,über Nacht in nicht zu warmen Raum stellen. Dann mehr trocknen als backen. Bei Gasherd Türe etwas öffnen. Die Makronen sollen innen feucht sein. Auf Kuchengitter geben und noch heiß glasieren.
	Zum Guß:
100 g Puderzucker	gesiebt,
1 EL heißes Wasser	
2 EL Orangenalkohol	oder
2 EL Grand Marnier	zusammen fest verrühren und die sehr feingeriebene Schale einer ganzen
Naturorange	untermischen.

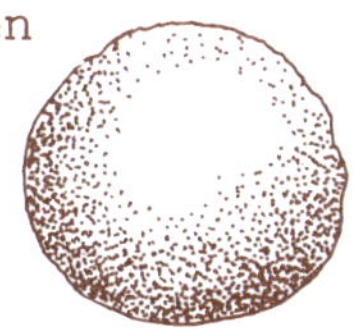

Einschieben	Elektro	Gas	Backzeit	Aufbewahren
Mitte	130-150°	1	18-20 Min.	Gefrierbeutel

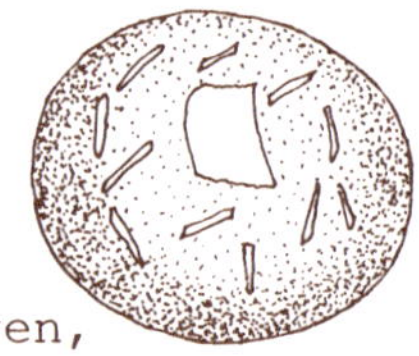

Ingwerküsschen (Foto S.73)

4 Eiweiß ca. 130 g	mit
200 g Rohzucker	auf Dampf schaumig schlagen,
* 2 EL kandierten Ingwer	in feine Streifchen geschnitten und
1 EL Orangensaft	zufügen,
* 500 g Mandeln	geschält gestiftelt in
40 g Zucker	hell rösten und abgekühlt unterheben. Mit Teelöffel kleine Häufchen auf ein bebuttertes und leicht bemehltes Blech setzen und obenauf ein
Ingwerstückchen	legen. Lichtgelb backen. Bei Gas ggf. Backofentüre etwas offen lassen.

Einschieben	Elektro	Gas	Backzeit	Aufbewahren
Mitte	120°	1	20 Min.	Blechdose

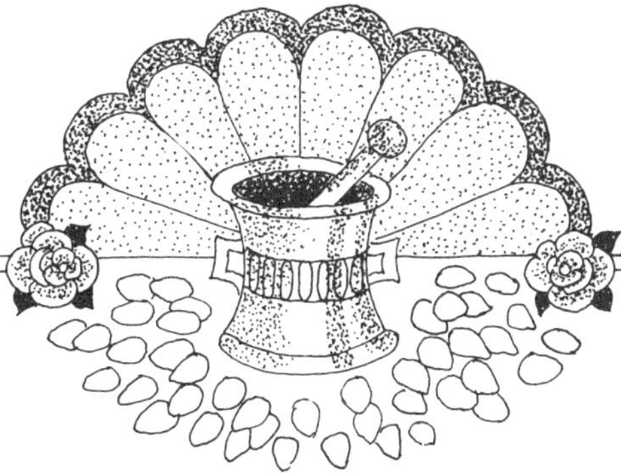

Marzipan und Konfekt

Marzipan Leckerle

* 500 g süße Mandeln	
* 10 g bittere Mandeln	ganz fein reiben,wenn möglich noch in einem Mörser zerstampfen oder zweimal durch die Fleischmaschine geben;
250 g feinsten Zucker	oder
250 g Puderzucker	zufügen sowie
2 Eiweiß	und soviel
Orangenblütenwasser	daß eine dicke,feuchte Masse entsteht. Auf schwachem Feuer so lange rühren bis sich die Masse vom Topfboden löst. Auf mit
Puderzucker	bestäubtem Brett 1 cm dick auswellen,in kleine Holzmodel drücken oder Förmchen ausstechen und diese 2 Tage trocknen lassen. Dann nur kurz bei Oberhitze überbacken.

Einschieben	Elektro	Gas	Backzeit	Aufbewahren
oben	250°	3-4	5 Min.	in Gläsern

Königsberger Marzipan (Foto S.163)

* 500 g süße Mandeln	und
* 18 g bittere Mandeln	in kaltem Wasser 24 Stunden einweichen, dann abziehen und wenn trocken,reiben.
500 g Puderzucker	und
1 EL Rosenwasser	damit verkneten,einige Tage zugedeckt in einem feuerfesten Topf stehen lassen. (Kein Metallgefäß verwenden) Bei gelinder Temperatur wird die Masse abgerührt

bis sie sich vom Topf löst. Erkaltet portionsweise nochmals durchkneten und 5 mm dick ausrollen. Runde Förmchen und Herzen ausstechen. Andere Teigplatte viermal so dick ausrollen,1 cm breite Streifen abschneiden,mit Rosenwasser befeuchten,Ränder der ausgestochenen Formen umlegen. Oben einkerben,mit Rosenwasser bepinseln,hellbraun backen,nochmals bestreichen. Nach dem Erkalten die Förmchen mit Guß füllen:

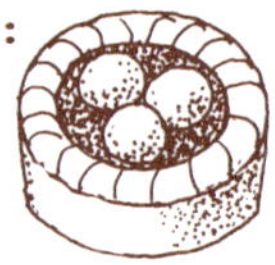

500 g Puderzucker	
1 TL Eiweiß	
1 TL Zitronensaft	
1 EL Rosenwasser	lange und fest verrühren. Sofort mit kandierten Früchten belegen.

Einschieben	Elektro	Gas	Backzeit	Aufbewahren
oberste Rille	130°	1	8-10 Min.	in Gläsern

Marzipan Pilze

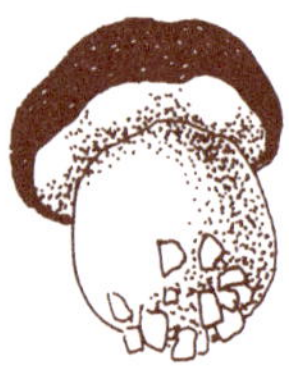

100 g Rohmarzipanmasse	
100 g Puderzucker	gesiebt mit
1 EL Rum	gut verarbeiten. Hüte und Stiele formen.
1 TL Kakao	mit
1 TL Wasser	verrühren,Hüte damit bestreichen. Stiele am unteren Ende mit
Eiweiß	bestreichen,in fein gehackte
* Pistazien	tauchen. Getrocknete Hüte und Stiele mit Eiweiß zusammenkleben. Die Pilze in Gläsern aufbewahren. (Foto S.163)

Foto:

Verschiedenes Marzipan:

Königsberger Marzipan
Marzipanpilze
Marzipanbrötchen
Marzipankartoffeln
Marzipanrübchen

Marzipanmasse I

* 250 g Mandeln — und
15 g Bittermandeln — werden geschält, zweimal gerieben und mit
180 g Puderzucker — kurz mit
Rosenwasser — nach Bedarf, durchgeknetet. Aus dieser Masse formt man Kartoffeln und andere Figuren - falls keine fertige Rohmarzipanmasse erhältlich ist.

Feine Marzipan-Masse
für Törtchen und Torten.

3 kleine Eiweiß mit 100g gesiebtem Puderzucker auf Dampf schaumig schlagen, weitere 400g Puderzucker portionsweise unterschlagen. 500g geschälte, feinstgeriebene Mandeln, die man noch durch die Fleischmaschine gedreht hat, untermischen. Im Wasserbad rühren bis die Masse sich vom Topf löst. Ausgekühlt in Model drücken. Trocknen lassen.

Marzipanmasse II

* 300 g Mandeln — geschält und sehr fein gerieben mit
150 g Puderzucker — gesiebt und soviel
Rosenwasser — vermischen, daß eine feuchtfeste Masse entsteht, diese in einer Pfanne auf gelinder Hitze rühren bis sie sich vom Boden löst. (Keinen Aluminiumtopf verwenden)
100 g Puderzucker — auf ein Brett sieben, Masse daraufgeben, kurz verkneten und formen. (Foto S.83)

Marzipanlebkuchen

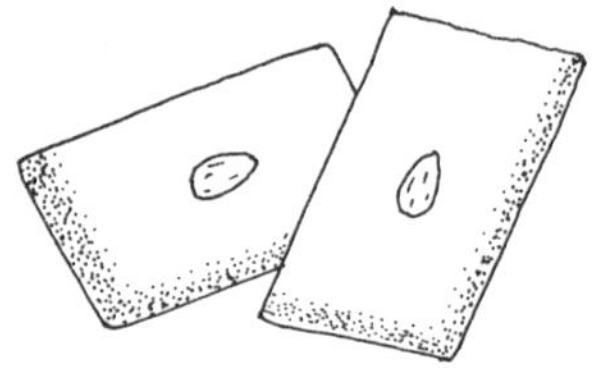

200 g Marzipanrohmasse	
180 g Puderzucker	gesiebt
etwas Rosenwasser oder Arrak	
	auf glatter Fläche zu geschmeidigem Teig kneten,auf
rechteckige Oblaten	rollen,ca. 3/4 cm dick in kleine Lebkuchen schneiden,mit verquirltem
Ei	bestreichen und mit kleinen halbierten
Mandeln	belegen. Hell backen,noch warm glasieren.
	Zur Glasur:
150 g Puderzucker	sieben,mit
1 EL heißem Wasser	und
1 EL Arrak	zu dünner glatter Konsistenz rühren.

Einschieben	Elektro	Gas	Backzeit	Aufbewahren
oberste Rille	170°	1-2	10-15 Min.	in Gläsern

Marzipanbrötchen

250 g Rohmarzipanmasse	auf glatte Arbeitsfläche (kein Holz) geben.
180 g Puderzucker	darübersieben,mit
3 TL Rosenwasser	rasch zu einem Teig verkneten. Backröhre vorheizen. Aus dem Teig kleine Weckchen Brötchen und Brezeln formen,zweimal mit
Eigelb	bestreichen,einkerben,auf Folie oder Butterbrotpapier nur kurz überbacken. Nicht zu lange lagern. (Foto S.163)

Einschieben	Elektro	Gas	Backzeit	Aufbewahren
oberste Rille	250°	7	4 Min.	in Gläsern

Es war einmal ein König,dieser hatte eine sehr schöne Tochter. Viele wollten sie zur Frau haben, aber sie mochte keinen von ihnen,denn niemand gefiel ihr. Also beschloß sie sich selbst einen Mann zu machen. Sie nahm 18 Kilo süße Mandeln,17 Kilo Zucker, 17 Kilo feinstes Grießmehl und 5 Schöpfkellen voll duftendem Rosenwasser. Mühsam zerstieß sie die Mandeln und verknetete sie mit dem Zucker,dem Rosenwasser und dem Grießmehl. Sie ging daran einen Mann zu formen und als er fertig war,stellte sie ihn vor die Ikonenwand des Hauses und flehte lange Nächte zu Gott er möge ihn lebendig machen. Erst nach der vierzigsten Nacht erhörte Gott ihr Flehen und erweckte ihn zum Leben. Er war wunderschön und wohlgeraten und sie gaben ihm den Namen **Prinz Marzipan**. Sein Name wurde auf der ganzen Welt berühmt ....

(aus einem griechischen Märchen)

Da keinem Mädchen mehr diese Verwandlung gelang,werden nun die Marzipanfiguren lieber gleich aufgegessen.

Pignolienkipferl

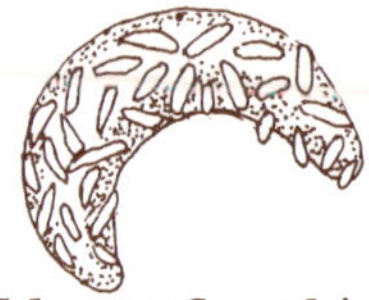

* 200 g Mandeln	abgezogen,fein gerieben,mit
230 g Zucker	und
100 g Eiweiß	vermengen. In einer Kasserolle auf gelinder Hitzeeinstellung abrühren bis Topfboden sichtbar wird. Nach dem Abkühlen kleine Hörnchen (Kipferl) formen,in
Pignolienkernen	wenden,mit
Rosenwasser	bestreichen und goldgelb backen.

Einschieben	Elektro	Gas	Backzeit	Aufbewahren
Mitte	180°	1-2	10-15 Min.	in Gläsern

Orangenmarzipantaler

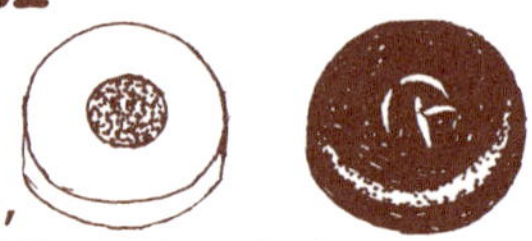

250 g Marzipanrohmasse	
80 g Puderzucker	gesiebt und
2 EL Orangenalkohol	gut verkneten,
* 1 Naturorange	hauchdünn schälen,in feinste Streifchen unter die Marzipanmasse mischen, das Ganze zu 4 cm dicken,8 cm langen Rollen formen. Mit Apfelausstecher der Länge nach aushöhlen,das Loch mit fester
Orangenmarmelade	füllen. Scheibchen abschneiden.
200 g Kuvertüre	im Wasserbad schmelzen,Taler damit beziehen,etwas feingeschnittene
* Orangenschale	aufstreuen. In Gläsern aufbewahren.

Gefüllte Datteln (Foto S.93)

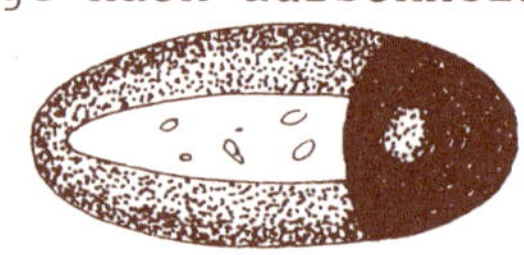

300 g Datteln	glatt der Länge nach aufschneiden, entkernen,
125 g Marzipanrohmasse	mit
60 g Puderzucker	und
1 EL Apricot Brandy	verkneten,
* 2 EL Pistazienkerne	gehackt untermischen. Von der Masse eine 1 cm dicke Rolle drehen,in Dattellänge abschneiden,Datteln damit füllen. Ränder glattdrücken. Dattelende in flüssige
Bitterschokolade	eintauchen,auf einem Kuchengitter gut trocknen lassen. In Gläsern aufbewahren.

Frankfurter Bethmännchen

* 375 g Mandeln	geschält und zweimal gemahlen mit
350 g Puderzucker	vermischen, in einem Topf unter Zugabe von
3 EL Rosenwasser	auf kleiner Hitze rühren bis ein Klumpen entsteht. Auf einem Brett etwas ausgekühlt mit
30 g Kartoffelmehl	
80 g Puderzucker	
1 Prise Salz	
2 kleinen Eiklar	verkneten. Rolle formen, gleichgroße Stückchen abschneiden. Nußgroße Kugeln formen, unten etwas abflachen. Mit
Eiweiß	bestreichen und an jede drei abgezogene
Mandeln	kleben. Nach oben etwas zusammendrücken, um die typische Bethmännchenform zu gestalten. Auf Oblaten setzen. Über Nacht trocknen lassen. Auf gespaltenen
Oblaten	backen. Mandeln sollen zart gebräunt sein. Dünn glasieren. Zum Guß:
200 g Puderzucker	gesiebt
2 EL Rosenwasser	und
2 EL heißes Wasser	fest verrühren.

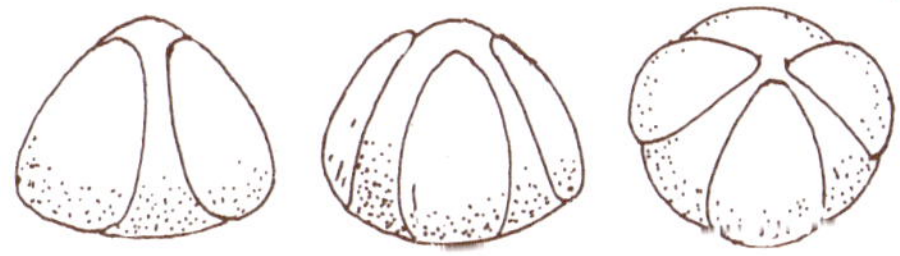

Einschieben	Elektro	Gas	Backzeit	Aufbewahren
Mitte	250°	5	5 Min.	in Gläsern

Makronenringe

200 g Marzipanrohmasse	
90 g Zucker	
1 kaltes Eiweiß	mit Knethaken zu einem Teig verarbeiten. Durch Spritzbeutel mit Sterntülle Kränzchen auf runde
Oblaten	von 6 cm ∅ spritzen, nach dem Backen erhitztes
Johannisbeergelee	in die Mitte füllen. Frisch am besten.

Einschieben	Elektro	Gas	Backzeit	Aufbewahren
oben	190°	2-3	4 Min.	Blechdose

Zürcher Leckerli

* 480 g Mandeln	geschält,ganz trocken feinst gerieben,
* 20 g bittere Mandeln	ebenso vorbereitet mit
500 g Puderzucker	gesiebt in einer Schüssel vermischen, im Wasserbad mit
3 Eiweiß	und
etwas Orangenblüten- wasser	verrühren bis die Masse in einem Kloß zusammenhält. Auf glatter Arbeitsfläche, die mit Puderzucker bestreut ist,den Teig mit
1 Eigelb	fest verkneten. Masse teilen. Erste Hälfte 8 mm dick ausrollen,mit glattgerührter
Aprikosenmarmelade	bestreichen. Zweite Teighälfte 8 mm dick ausrollen,Leckerliförmchen eindrücken,auf die bestrichene Platte legen. Wenn keine Holzmodel vorhanden,kleine Quadrate mit Teigrädchen ausradeln,mit Rosenwasser bestreichen. Auf puderzuckerbestäubtem Brett zwei Tage trocknen lassen. Auf Alufolie belegtem Blech überbacken. Heiß glasieren mit
200 g Puderzucker	gesiebt
1 EL Zitronensaft	und
1 EL Pflümli	
(Zwetschgenwasser)	kalt glattrühren. Schmecken frisch am besten.

Einschieben	Elektro	Gas	Backzeit	Aufbewahren
oben	200°	2	5-8 Min.	in Gläsern

Rumkugeln

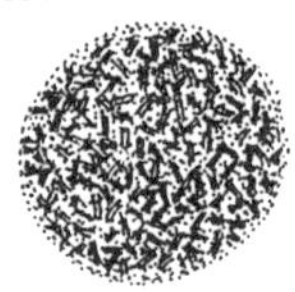

80 g Butter	und
1 Eigelb	schaumig rühren,
* 200 g Edelbitterschokolade	im Wasserbad erwärmen bis sie rührfähig ist,abgekühlt mit der Butter und
2 EL hochprozentigem Rum	vermischen. Masse kühl stellen. Kirschgroße Kugeln formen. In
Schokostreußel	wenden. In Glas kühl aufbewahren.

Marzipankartoffeln

200 g Rohmarzipanmasse
150 g Puderzucker
1 EL Rosenwasser

gut verkneten. Fingerdicke Rollen formen. Kirschgroße Stücke abschneiden, Kugeln formen, auf tiefen Teller legen und mit gesiebtem

hellen Kakao
(stark entölt)

bestreuen. Zweiten Teller daraufgeben und schütteln. Mit Holzstäbchen "Augen" einstechen und mit Messer "Schale" etwas aufschneiden. In Gläsern aufbewahren. Am besten frisch. (Foto S.163)

Und so sah das Rezept für die Marzipankartoffeln im Krieg aus:

62,5g Butter mit 200g Puderzucker schaumig rühren, mit 1/2 Fläschchen Bittermandelaroma, 3 EL Magermilch und 250g Grieß vermischen. In Kakaopulver (wenn vorhanden) oder Zimtersatz umdrehen und dann trocknen lassen.

Aprikosenschnitten (Foto S.93)

500 g Trockenaprikosen	grob schneiden,in einem Becher mit
2 EL Marillengeist	vermischen und mindestens 2 Stunden durchziehen lassen. Dann mit
180 g Zucker	vermischen,zweimal durch die Fleischmaschine drehen oder in kleinen Portionen mit dem Mixstab zu festem Mus zerkleinern. Masse mit breitem,nassem Messer zu rechteckiger Stange von ca. 5x3 cm formen.
120 g Puderzucker	sieben,mit
180 g Marzipanrohmasse	durchkneten bis Masse schön hell ist. 3-4 mm dickes Rechteck auswellen,die Stange damit einschlagen. Die Nahtstellen gut andrücken und in Folie verpackt das Ganze einen Tag im Kühlschrank ruhen lassen. Mit nassem,scharfem Messer 4 mm Scheibchen abschneiden. Nach Belieben die Mitte mit etwas
Eiweiß	betupfen und je
1/2 Pistazie	darauf legen. Zwischen Butterbrotpapier in geschlossenem Behälter kühl lagern.

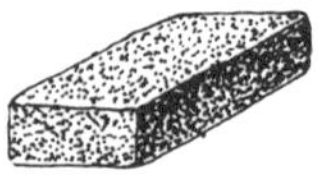

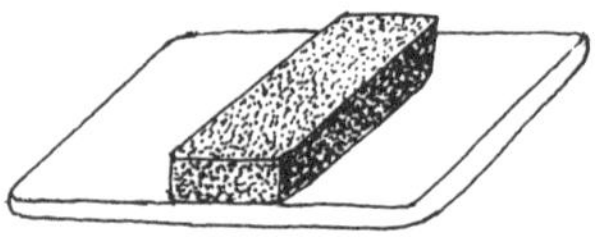

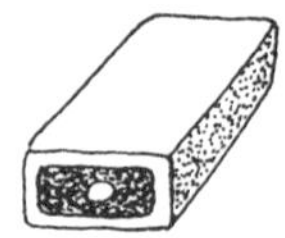

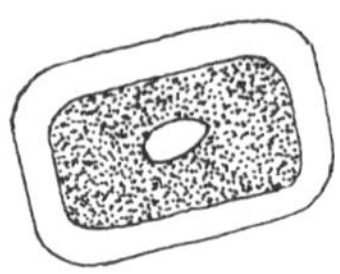

Aprikosenkonfekt

200 g getrocknete Aprikosen	besonders schöne,auf ein Kuchengitter legen.
* 100 g Mandeln	schälen und nur ganz leicht rösten. Eine Mandel auf eine Aprikose legen. (Zeichnung)
100 g Edelbitterschokolade	im Wasserbad erweichen. Mandel auf Aprikose halten,zu einem Drittel eintauchen,auf Kuchengitter gut abtrocknen lassen,ehe man das Konfekt in einem Glas oder Porzellanbehälter aufbewahrt. (Foto nebenan)

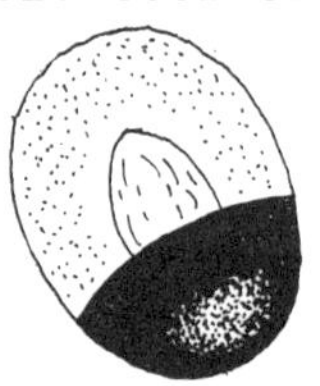

Foto:

Aprikosenkonfekt

Quittenwürfel

Sollten auf keinem Weihnachtsteller fehlen.

Wichtig: Bereiten Sie kein zu kleines Quantum, sonst lohnt sich der Aufwand nicht. Zu großes Quantum auf einmal ist mühsam.

2500 g Quitten — mit feuchtem Tuch von der Wolle befreien, Stiel und Blüte entfernen, waschen, in Topf mit kaltem Wasser geben und weichkochen. Sie müssen nicht ganz bedeckt sein. Dann Haut abziehen und Kernhaus entfernen. Mit dem Mixstab ganz fein pürrieren oder durchpassieren. Mark abwiegen. Auf

1 kg Quittenmark
1 kg Kristallzucker — und
1 kleinen Schöpflöffel
vom Kochwasser — geben. Bei mäßiger Hitze unter ständigem Rühren einkochen lassen bis man den Topfboden beim Rühren sieht und die Masse in Klumpen vom Kochlöffel fällt. Eine andere einfachere Art ist es, die Zucker-Fruchtmark-Mischung in eine feuerfeste, flache Form zu füllen und im Backrohr bei Mittelhitze auf der mittleren Einschubleiste zu belassen. Man braucht dann nur gelegentlich vom Rand weg umzurühren. Bei beiden Herstellungsarten die fertige, jetzt schön glänzende rotbraune Quittenmasse in eine mit Wasser ausgespülte feuerfeste Form 1-2 cm hoch füllen, glattstreichen und trocknen lassen. Je nach Zimmertemperatur und Konsistenz kann dies schon nach einem Tag erfolgt sein. Scharfes Messer in kaltes Wasser tauchen und 2 cm große Würfel schneiden. Nach Belieben in

Hagelzucker — wenden. Masse kann auch in Kupferform gefüllt und gestürzt werden.

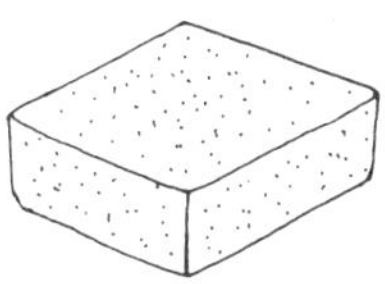

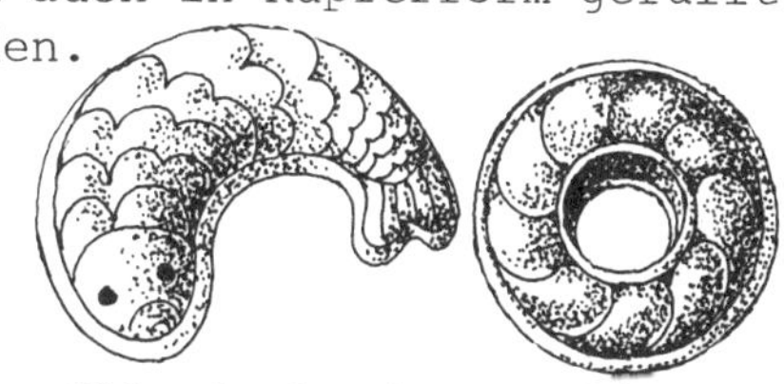

Aufbewahren: in Gläsern oder Porzellangefäß. Auch eine Pralinenschachtel mit Einsatz ist geeignet. Wichtig: vor dem Aufbewahren trocknen lassen! Wenn die Quittenwürfel richtig gelagert sind, schmecken sie auch noch nach einem Jahr prima. (Foto S.93)

Maronenkonfekt

60 g Butter	leicht bräunen,kalt stellen.
* 350 g Maroni	geröstet,heiß geschält,zweimal durch die Fleischmaschine drehen oder mit dem Mixstab pürieren.
60 g Zucker	und
2 EL Vanillezucker	mit der erkalteten Butter schaumig rühren, mit
2 EL Kirschwasser	zu der Maronenmasse geben und alle Zutaten zu einem geschmeidigen Teig verarbeiten. Kastaniengroße Kugeln formen,seitlich und unten etwas abflachen,auf Alufolie stellen.
50 g Milchschokolade	
50 g Edelbitterschokolade	im Wasserbad flüssig werden lassen. Die Maronen so glasieren,daß unten ein heller kleiner Kreis bleibt. Getrocknet am besten in Konfektmanschetten setzen,kühl aufbewahren. Zum baldigen Verzehr geeignet.

Sesamkrokant

60 g Sesam-Samen	in einer trockenen Pfanne leicht rösten und auf einen Teller geben.
60 g Rohrzucker	in
40 g Butter	in einer Pfanne auflösen,mit
3 EL Honig	bei mäßiger Hitze zu caramelfarbiger Masse rühren. Den Sesam untermischen. Alufolie mit
Mandelöl	bestreichen,den dicken Sesambrei daraufstreichen. Vor dem Erkalten in kleine Rechtecke schneiden,diese rasch der Länge nach biegen (siehe Skizze). Sesamkrokant läßt sich in Gläsern über längere Zeit aufbewahren.

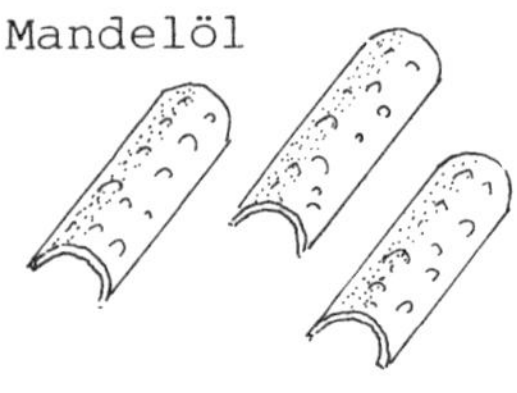

Heinerle

250 g Palmin	und
250 g Edelbitterschokolade	in Stücke gebrochen am besten in einer feuerfesten Schüssel im Wasserbad zergehen lassen. Gefäß herausnehmen.
250 g Zucker	unterrühren (keinen Puderzucker verwenden!) Das Mark einer ganzen
Vanilleschote	ausstreifen und zufügen. Wenn Masse abgekühlt,
4 ganze Eier	fest unterrühren. Rechteckige
Oblaten (24 Stück)	gleichmäßig mit der Schokomasse bestreichen. Nebeneinander gelegt etwas anziehen lassen,dann erst aufeinander setzen bis ca. 1,5 cm Höhe erreicht sind. Mit ungestrichenen
Oblaten	die letzte Schicht belegen. Mit Butterbrotpapier oder Folie abdecken und

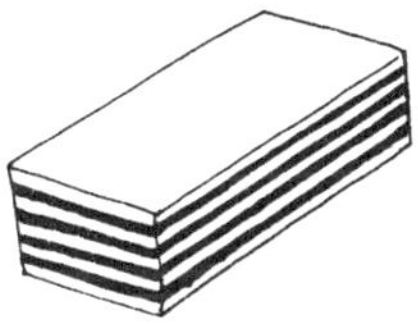

mit großem Buch beschwert 2-3 Tage kaltstellen. In saubere kleine Rauten von ca. 1,5 cm Breite und 3-4 cm Länge schneiden. Kühl und trocken aufbewahren,also Dose oder Glas fest verschließen. Auch vor Naschkatzen! (Foto S.93)

Eiskonfekt, Eisschokolade

250 g Palmin	zerlaufen lassen,Topf ins Wasserbad stellen.
500 g Puderzucker	mit
125 g dunklen Kakao	sieben,
10 g echten Vanillezucker	zufügen,alles glatt rühren,heiß in kalt ausgespülte Konfektförmchen füllen,im Gefrierfach erstarren lassen. Stürzen. Zergehen auf der Zunge! Nur im Kühlschrank aufbewahren!

Echte Pischinger Schnitten

125 g weiche Butter	mit
125 g Zucker	und
3 Eigelben	recht schaumig rühren.
* 125 g Edelbitterschokolade	feingerieben,untermischen.
2 EL dunklen Kakao	gesiebt dazugeben und das
Mark von 1/2 Vanillestange	unterrühren. Die Masse dünn und gleichmäßig auf runde ungefüllte
Karlsbader Oblaten	streichen. 3 Oblaten aufeinander-legen,mit Butterbrotpapier oder Folie abdecken,über Nacht beschwe-ren und kühl stellen. Mit scharfem Messer Dreiecke (wie kleine Torten-stücke) schneiden,mit erweichter
Kuvertüre (bitter)	beziehen und zugfrei trocknen las-sen. In Glas oder Porzellandosen aufbewahren.

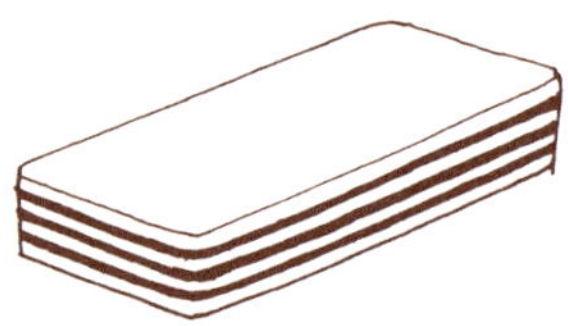

Carolas Pischinger

	Obige Schokocreme herstellen,gleich-mäßig auf
6 rechteckige Oblaten	streichen,nach dem Beschweren in 2x4 cm Rechtecke schneiden. In Gläsern kühl aufbewahren. Sehr fein.

Mohrenkugeln

* 100 g Haselnüsse	leicht geröstet und gemahlen in eine Schüssel geben,
100 g Zucker	
1 Eigelb	
1 TL Mehl oder	
Stärkemehl	zugeben,mit
80%igem Rum	abschmecken. Alle Zutaten fest verrühren, kleine Kugeln formen.
1 Tafel gute Bitter-schokolade oder	
Kuvertüre	im Wasserbad erwärmen,Kugeln erst in der Glasur,dann in
Hagelzucker	wenden. Auf ein mit Alufolie ausgelegtes Blech legen und im Backrohr mehr trocknen als backen. Bei Gas Backofentüre ganz offen lassen.

Einschieben	Elektro	Gas	Backzeit	Aufbewahren
Mitte	140°	1	10-15 Min.	in Gläsern

Schokotrüffeln

100 g Bitterorange-schokolade	im Wasserbad schmelzen.
100 g Butter	mit
180 g Puderzucker	sehr schaumig rühren,
3 Eigelb	zufügen und die geschmolzene Schokolade ab-gekühlt portionsweise einrühren. Masse in den Kühlschrank stellen. Kleine Kugeln for-men,die in
Schokostreußel	gewendet werden. In Gläsern aufbewahren.

Haselnussberge

50 g Butter	mit folgenden Zutaten:
50 g Honig	
150 g Rohzucker	
2 EL Vanillezucker	
1/8 l süßen Rahm	in einer Pfanne unter Rühren gut aufkochen lassen bis Masse dicklich und hellbraun ist.
* 60 g kandierte Früchte	kleingehackt,
* 200 g Haselnüsse	ganz,geschält,unterrühren. Auf bemehltes Blech mit 2 Teelöffeln nicht zu eng "kleine Berge" setzen. Nach 3 Min. Backzeit mit Glas in Form bringen. Weitere 2 Min. ins Rohr stellen. Auf Gitter auskühlen lassen. Rückseite mit erweichter
Kuvertüre	bestreichen,bei Zimmertemperatur trocknen lassen. (Foto S.93)

Einschieben	Elektro	Gas	Backzeit	Aufbewahren
oberste Rille	180°	1-2	5 Min.	in Gläsern

Negerküsse

* 150 g Haselnüsse	oder
* 150 g Mandeln	ungeschält gerieben mit
1 1/2 Eiklar	fest verrühren,dann
150 g Zucker	zufügen und nochmals gut bearbeiten,am besten mit Knethaken des Elektroquirls. Vom Teig kleine Krapferl formen,auf's gebutterte Blech setzen und sehr langsam backen. Müssen innen noch weich sein. Ausgekühlt glasieren. Zur Glasur:
150 g Würfelzucker	in
1/16 l Wasser	geben und aufkochen,
50 g Bitterschokolade	zerbrechen,im Zuckersirup auflösen und fest verrühren.Lauwarm verwenden.

Einschieben	Elektro	Gas	Backzeit	Aufbewahren
Mitte	150-170°	1	10 Min.	in Gläsern

Schokolinchen

125 g Butter	und
250 g Zucker	schaumig rühren,
* 250 g Edelbitter-schokolade	feingerieben und
* 250 g Mandeln	ungeschält gerieben darunterrühren,
4 Eiweiß	zu steifem Schnee schlagen,mit
300 g Mehl	gesiebt in die Schaummasse einrühren. Teig 1 Stunde kühl ruhen lassen. Dann 1 cm dick ausrollen,Rundförmchen ausstechen und auf Folie backen. Nach völligem Erkalten mit weißer Glasur bestreichen. Obenauf nach Belieben mit
Schokospritzglasur oder Schokostreußel	verzieren. Zur weißen Glasur:
200 g Puderzucker	gesiebt
2 EL Arrak	und
1 EL heißes Wasser	fest dickschaumig rühren (10 Min.). Zur Schokospritzglasur:
40 g Schokolade	mit
1 EL Zucker	im Wasserbad erwärmen,etwas abgekühlt in Pergamenttütchen füllen,Spitze abschneiden und spritzen. (Foto S.73)

Einschieben	Elektro	Gas	Backzeit	Aufbewahren
Mitte	190°	2	15 Min.	in Gläsern

Mandelsplitter

1 EL Honig	
1 EL Butter	in größerer Stielpfanne erhitzen,
* 280 g Mandeln	geschält,gestiftelt hineingeben und leicht karamelisieren lassen. Schale einer
* Naturorange	feinstnudelig geschnitten,
2 EL Rum	
* 60 g Zitronat	und
* 50 g Orangeat	feingestiftelt unterrühren.
380 g Edelbitter-schokolade	im Wasserbad erwärmen,mit der Mandelmasse vermischen. Kleine Häufchen auf gebutterte oder geölte Alufolie setzen. Obenauf mit ein bißchen feinstgeschnittener
Orangenschale	dekorieren. Erstarren lassen. In der Tief-kühltruhe geht es sehr schnell. Am besten in Glas- oder Porzellanbehältern aufbewahren. Kann auch mit
Milchschokolade	bereitet werden.

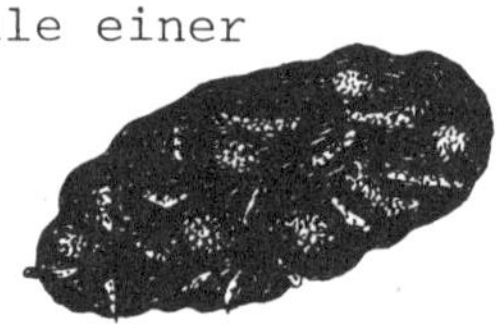

Rahmcaramellen

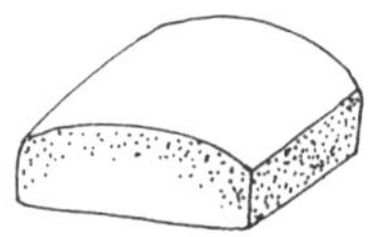

3/8 l süßen Rahm	mit
1/8 l roher Milch	
1 TL Butter	
440 g Zucker	und
2 EL Vanillezucker	unter Rühren aufkochen bis die Masse hellbraun ist und beginnt dicklich zu werden. Auf ein mit
* Mandelöl (kein Bittermandelöl)	bestrichenes Blech oder in feuerfeste Form gießen,glatt streichen und wenn die Masse anzieht,mit dem Messer eine 2x2 cm Würfelmarkierung eindrücken. Erkaltet durchtrennen. So bekommen die Caramellen die "Polsterform".

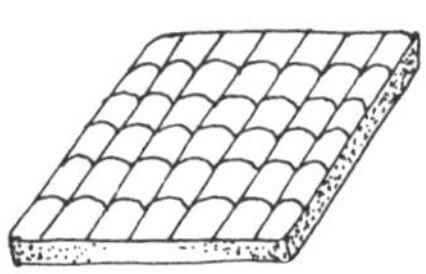

Florentiner

60 g Butter	in einer Pfanne mit
50 g Honig	
100 g Rohzucker	
1 EL Vanillezucker	und
1/8 l süßen Rahm	zusammen gut aufkochen.
* 140 g Mandeln	geschält und gestiftelt,
* 100 g Haselnüsse	gerieben,
* 80 g kandierte Kirschen rot und grün	grobgehackt,
* 40 g Zitronat	
* 40 g Orangeat	beides feingehackt zugeben und vermischen. Gleich mit zwei Kaffeelöffeln kleine Häufchen, nicht zu eng auf ein gewachstes Blech setzen. 5 Min. backen, dann mit einem Glas in Form bringen, backen bis leicht gebräunt. Mit Palette oder dünnem Messer vom Blech weg auf ein Gitter legen. Erkaltet zweimal mit im Wasserbad gut geschmolzener
Edelbitterschokolade (150 g)	bestreichen. Mit Gabel Wellenlinien ziehen. In warmem Raum trocknen.

Einschieben	Elektro	Gas	Backzeit	Aufbewahren
oberste Rille	180°	1-2	8-10 Min.	in Gläsern

Mokka-Trüffeln

50 g Butter	und
1 Eidotter	schaumig rühren,
1 EL Vanillezucker	
100 g Puderzucker	
2 EL Kakao	zusammengesiebt, einrühren.
* 140 g Mokkaschokolade	im Wasserbad erwärmt und abgekühlt unter die Schaummasse rühren. Auf Alufolie mit 2 Teelöffeln Trüffeln setzen und im Kühlschrank oder im Gefrierfach erstarren lassen. Mit gesiebtem Puderzucker bestäuben. Nach Belieben mit
je 1 Schokomokkabohne	garnieren. In Gläsern oder Porzellandosen sehr kühl aufbewahren.

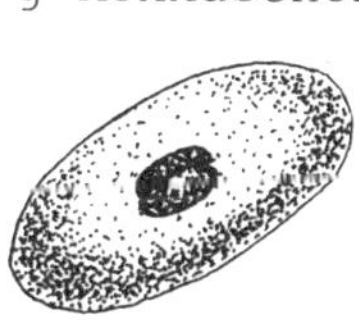

Eigene Rezepte

Französisches Gebäck *von Frau Erika Liefland*

550 g Mehl mit 150 g Puderzucker auf ein Brett sieben,mit 350 g sehr kalter Butter zu einem Knetteig verarbeiten.Rollen von ca 4 cm ø drehen. über Nacht kalt stellen. Dann 3 mm dicke Scheibchen abschneiden, bei 180° ca 12 Minuten goldgelb backen. Sehr feines Gebäck !

Weihnachtsgebäck *von Frau Hilde Bieber*

aus 250 g Butter,250 g Zucker und 6 Eiern einen Rührteig herstellen,250 g Raspelschokolade, 100 g Mandelblättchen,sowie 200 g gemahlene Mandeln und 100 g gesiebtes Mehl unterheben. Den Teig auf ein bebuttertes Blech streichen und bei 200° 25 Min. backen. Mit Schokoladenglasur bestreichen und gleich in Streifen oder Quadrate schneiden, sonst springt die Glasur! Unkompliziert in der Herstellung und ganz prima!

Aufpassen! Die Verwendung von größeren Eiern als auf Seite 14 angegeben, führt zu einer anderen Teigkonsistenz. Also abwiegen.

Eigene Rezepte

Eigene Rezepte

Alphabetisches Register

Andere Bücher aus dem Verlag:

Bayerische Leibspeisen zusammengetragen von Olli Leeb
300 Rezepte aus allen Regionen, kleine Bayernkunde, Landkarte u.Bayr. Kalender auf Ausschlagtafel. 175 S. ISBN 3-921799-80-5

Bavarian Cooking assembled by Olli Leeb
English Edition of "Bayerische Leibspeisen"
172 S. ISBN 3-921799-85-6

Käse selber machen von W.W.Windisch und Olli Leeb
Zuverlässiges Rezeptbuch für eigene Käseherstellung. Mit Labtabletten und Mini-Original-Käsereiwerkzeug zusammen in einem schmucken Schuber.
ISBN 3-921799-82-1

Schnell was Feines für Dich und mich von Olli Leeb
praktische Rezepte u.Tips für den Minihaushalt, Studenten, Berufstätige und Senioren. Alphabetische Anordnung der Rezepte. Nährwerttabelle. Schutzklappen für die Buchseiten. 212 S. ISBN 3-921799-81-3

Köstlich frische Salate von Olli Leeb
Alle gewachsenen Salatsorten nach Farben geordnet. Nährwerttabelle. Schutzklappen für die Buchseiten. 196 S. ISBN 3-921799-89-0

Eva kocht für Eva - Adam kocht für Eva von Olli Leeb
Natürlich vollwertig. Pfiffige Rezepte nach neuesten Erkentnissen für gesunde Ernährung. Auch geeignet für die Zeit nach dem Fasten. Schutzklappen für die Buchseiten. 180 S. ISBN 3-921799-78-3

Ausgewählte Desserts von Olli Leeb
Feine Rezepte nach Farben der Früchte geordnet für jeden Gesschmack. Schutzklappen für die Buchseiten. 198 S. ISBN 3-921799-84-8

My favorite Cookies from the Old Country by Olli Leeb
English Edition of "Die feinsten Plätzuchen Rezepte".
190 S. ISBN 3-921799-97-X

Von früh an fit mit Nico's Kinderküche von Olli Leeb
Buben und Mädchen ab ca. 10 Jahren können sich hier selbstständig und leicht ein sehr schmackhaftes und gesundes Essen bereiten. Schutzklappen für die Buchseiten. 80 S. ISBN 3-921799-87-2

Der Fleck muß weg von Olli Leeb
Ein informatives Handbuch zur Pflege, Wäsche und Reinigung edler Textilien und Lederbekleidung. Ausführliche Materialkunde.
80 S. ISBN 3-921799-86-4

Garment Care by Olli Leeb
Stain Removal easy made. English Edition of "Der Fleck muß weg".
80 S. ISBN 3-921799-83-X

Kochbuch-Verlag Olli Leeb